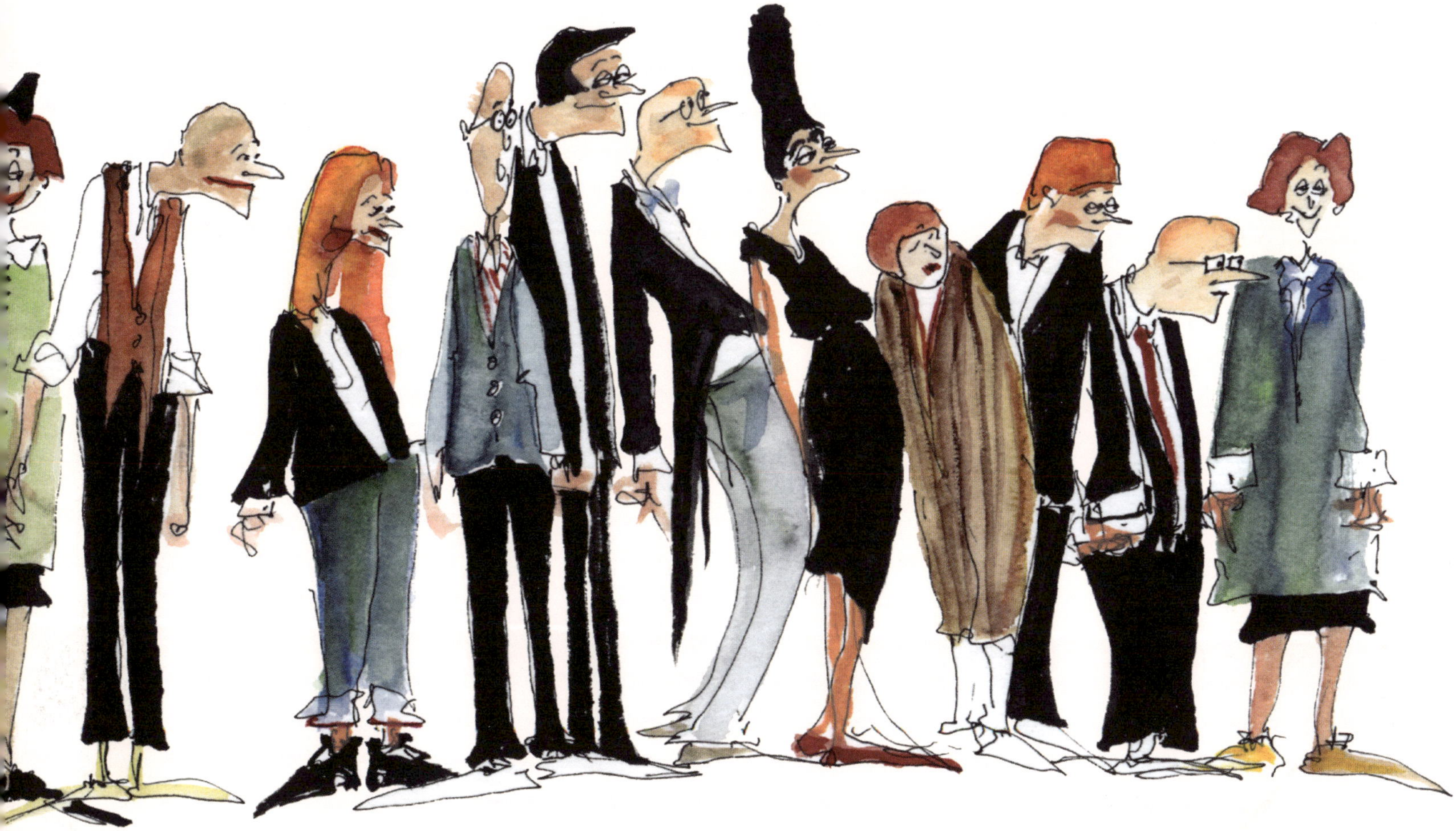

Himmlische Küchengelüste

kulinarisch komponiert
und kabarettesk gewürzt
von El Tipico
und Michaela Maria Drux

EL TIPICO ... NIX WIE HIN ...

Impressum

Herausgeber und kulinarische Komposition:
El Tipico, Winterthur

Kabaretteske Würze:
Michaela Maria Drux

Grafisches Konzept und Layout:
Daniel Girsberger, Winterthur

Grafische Unterstützung:
blitzArt, Nathalie Gaggini, Winterthur

Pixeldoktor:
kulturkoller, Thomas Koller, Winterthur

Webmaster:
Stefan Fäh, Uster

Redaktions- und Korrekturenköche:
Chrigi Brüll, Nicole Brüll, Marion Denzer, Daniel Girsberger,
Julia Girsberger, Marianne Girsberger, Romana Girsberger,
Maya Kipfer, Thomas Koller, Maya Muggli, Esther Remund,
Susanne Schaltegger, Christina Schläpfer,
mit tatkräftiger Unterstützung weiterer El Tipicas/os

Druck:
Ziegler Druck- und Verlags AG, Winterthur

Ausrüstung:
Buchbinderei Burkhardt AG, Mönchaltdorf

© Rezeptküche:
El Tipico, www.eltipico.ch

© Karikaturenküche:
Michaela Maria Drux, www.druxache.com

© 2006 Verlag und Vertrieb:
El Tipico, 8400 Winterthur
3. Auflage 2010
ISBN-13: 978-3-033-01064-2

Wir haben gewonnen!

Und freuen uns natürlich sehr über die grosse Anerkennung und internationale Ehre die uns zukommt!

Gourmand World Cookbook Award
Best Entertaining Cookbook
Best Cookbook Illustrations
in German 2007

Gourmand World Cookbook Award
Goldmedaille
Best Entertaining Cookbook
in the World 2007

Gastronomische Akademie
Deutschlands e.V.
Silbermedaille 2008

Auf uns!

Michaela.Maria.DRUX

Himmlische Küchengelüste

Liebe Leser, Buchbesitzer, Freunde, Geniesser und Köche

Unsere Küchentüre steht weit offen – oder nein, es hat keine, denn wir stehen mit offenen Sinnen irgendwo auf dieser Welt und schauen staunend in fremde Töpfe – also komm rein und schnuppere mit uns an der betörend reichen Aromenvielfalt.
Du? Ach ja, fast hätte ich es vergessen, Kochen ist etwas ganz Persönliches und Intimes und darum kennt unsere Küche keine Grenzen und künstliche Distanzen. Wir bieten dir also ganz einfach das Du an und gehen miteinander auf eine Reise durch dieses Buch. Der Sonne entgegen einmal rundum durch bunte Märkte und spannende Küchenwelten. An Orte, wo wir in den letzten 18 Jahren fröhlich kochkellenschwingend auch alle unsere vielen Gäste hinlockten.
Dass wir die Zutaten für unsere Rezepte grösstenteils gleich um die Ecke kaufen können, ist für uns nicht selbstverständlich, sondern das grosse Glück unserer Zeit. Seien wir uns dessen bewusst und tragen Sorge dazu.
So sehr wir dir an dieser Stelle unsere Rezepte anpreisen, so sehr müssen wir dich auch gleich vor der unbedachten Anwendung dieses Buches warnen! Denn Kochen bedeutet Kreativität und freie Interpretation unserer Rezepte. Im schlimmsten Fall führt's zu kulinarischer Orientierungslosigkeit oder zügellosem Übermut.
Die Küchenwaage bleibt im Schrank. Lass dich beim Kochen von deinen Gefühlen und Gelüsten leiten. Erst dann wird's himmlisch.
Deine Gäste sind schon da, viel Spass beim geniesserischen Reisen!

El Tipico
Daniel Girsberger

Himmlische Gelüste

Dass die Sympathie stets dem Augenblick entwächst und die daraus resultierende Lust auf Genuss die natürliche Folge dieses Momentes ist, das wissen wir längst!
Und dass die unfiltrierte, unmittelbare Lust die beste Vorraussetzung dafür ist, sich selbst ins himmlische Paradies zu befördern oder, noch besser, sich von jemand anderem in den Himmel befördern zu lassen,
das verspricht uns allen die Aussicht,
den Himmel auf Erden,
nämlich im Moment der zugelassenen Lust,
mit oder ohne Butter ausgelassen,
leibhaftig erleben zu dürfen.
In selbigen Himmel mit himmlischen Gelüsten gar verführt zu werden und das obendrein mit kochender Leidenschaft und ordentlich gewürztem Humor,
mit dem Herz auf der Zunge und
mit Pfeffer im ...A ...llerwertesten, das ist,
wie Mozart sagen würde, das „Höchste der Gefühle"
und lässt sich am allerbesten in einer Küche beantworten,
in der es heiss zu und her geht,
in der das Salz in der Suppe zu finden ist
und in der der Mensch sicht traut, zu kochen!
In diesem Sinne und in jedem weiteren möglichen
und unmöglichen Unsinn wünsche ich von Herzen Mut zu diesem Schritt und Guten Appetit!

Und noch etwas...

Vergessen Sie Eines nicht:
Wer Hunger leidet, nimmt ab,
in jeder Beziehung.
Hüten Sie Sich davor!

Michaela.Maria.Drux!

Königlich kommunikative Begegnungen heben die Hoffnung auf ...
heben die Hoffnung auf genussvolles Träumen ausser Haus.
(aus der Träum...td-Serie)

Herzlichen Dank

Ein grosses Dankeschön an unsere bunte Schar Köche, die seit vielen Jahren einen grossen Teil ihrer Freizeit in unser kulinarisches Reisen stecken und mit ihrer Lebensfreude und Kochlust das fröhliche Gesicht von El Tipico prägen. Dem Redaktionsteam danke ich für die grosse Arbeit und Geduld im Umsetzen der nicht immer einfachen Ideen ihres *el presidente*.
Was wären wir ohne die genialen und immer sprudelnden Einfälle unserer mit spitzer Feder und träfen Sprüchen würzenden Michaela Maria Drux. Vielen Dank für die Seele in diesem Buch.
Liebenswerten Dank meiner Familie Marianne, Julia und Romana für die grosse Geduld, aber auch für die grosse Mithilfe und Unterstützung.

Daniel Girsberger

Die neue hier vorliegende Auflage unseres Buches,
widme ich meiner lieben Mutter Karoline,
die mir das Zeichnen beigebracht hat
und meinen lieben Kindern Franziska und Maurizius,
die die Gerichte nach dem Motto unseres Familienkanons
„Froh zu sein bedarf es wenig
und wer froh ist, ist ein König!"
stets passend abschmecken!

Ein besonderer Dank gilt der liebevollen und arbeitsaufwendigen Zusammenstellung aller Rezepte und Graphiken der El Tipico - Gruppe, insbesondere aber der espritreichen Arrangements meiner Druxachen durch Daniel Girsberger.

Michaela Maria Drux

Inhalt

Unsere Rezeptregionen und Infotafeln   Seite

Reiseführer durch den Rezepte-Dschungel   7

Europa von Gibraltar bis zum Bosporus   8 - 65
    Rezeptgruppen Übersicht   8 - 9
    Darfs eine Prise Salz sein? Warum wir Meersalz lieben   14 - 15

Orient und nördliches Afrika   66 - 99
    Rezeptgruppen Übersicht   66 - 67
    Ras el Hanout: Die geheimnisvolle Gewürzmischung   78 - 79

Mittlerer Osten von Sri Lanka bis Tibet   100 - 131
    Rezeptgruppen Übersicht   100 - 101
    Zimt – Kassie – Zimtblüte: Die delikaten Aromen   106 - 107
    Pfeffer: Nicht jede Sorte ist echt   110 - 111

Fernost – Südostasien von Korea bis Bali   132 - 165
    Rezeptgruppen Übersicht   132 - 133

Zentralamerika, Südamerika und Karibik   166 - 207
    Rezeptgruppen Übersicht   166 - 167
    Chili: Die feine scharfe Sache   172 - 173
    Kakao: Dunkle Schokolade - die feine Versuchung   186 - 187
    Vanille: Die verführerische Schote   203

Rezept- und Zutatenregister   208 - 212

Wirkliche Könige besorgen den Einkauf allein.

El 👁 Tipico
die rasenden Hansdämpfe der internationalen Küche

Ach wie wär's doch schön, in einem verführerischen Kochbuch zu schwelgen…
Nach 15 Jahren unermüdlichem Kochkellenschwingen haben wir unsere Rezepte zusammengetragen, sortiert und die amourösesten Gaumenfreuden nach schonendem Pfannenrühren hier servierbereit angerichtet. Nach vier Jahren, zwei Auflagen und sanftem Nachwürzen, freuen wir uns mit euch Kochbuchbegeisterten auf diese dritte Auflage.
Mit Leidenschaft wählen und verarbeiten wir die wunderbaren Kostbarkeiten dieser Welt. Nebst vielen kulturellen Anlässen, wie die Winterthurer Musikfestwochen und unsere kulinarischen Filmnächte Gaumensicht, bereichern wir auch unzählige kleine und grosse Anlässe, wo Kochen mit Herzblut viel Freude bereitet.

Michaela Maria Drux

Mit spitzer Feder und gestalterischer Überzeugung werden wir von Michaela Maria Drux begleitet. Vergnügt, zeitgeistig und schonungslos! Während wir den exotischsten aller Zutaten nachrennen, macht sie sich zeichnerisch und textlich Gedanken, ob Doofe beim Essen auch genusskompetent sind und ob es gerade en vogue ist, dabei zu schmatzen oder Beziehungskistenprobleme auszudiskutieren – kurz: die existenziellen Zeitgeistfragen rund um den Küchentisch und den mit ihm einhergehenden Lifestyle zu durchleuchten.
Michaela Maria Drux inszeniert ihre satirisch kabaretteskken Druxachen sowohl auf dem Papier als auch in Form von satirischen Objekten, sowie in ihrem Zeitgeistkabarett, in Performances oder in ihren musikalisch-literarischen Kabarettprogrammen. Aufgewachsen ist sie neben dem Kölner Dom mit Kunst und Kaiserschmarrn im Dirndlkleid, als Tochter des Dirigenten und Sängers Herbert Drux und der oberbayrisch - tirolischen Eistänzerin Karoline Drux.

Reiseführer durch den Rezepte-Dschungel

Sei kein Tor und bereite vor
Die vergessen geratene Marinade oder die Zeitaufholjagd beim Einweichen von Hülsenfrüchten lassen das zu erwartende Gericht schnell zur Peinlichkeit verkommen. Ob dein Nachtessen morgens um 4 Uhr, nach stundenlangem Zwangsapéro, auch noch Begeisterung auslöst, wagen wir zu bezweifeln. Dein Küchenengagement ist darum gut zu planen.

Schnell gemacht
Es kann sein, dass sich die Zutaten bei optimaler Einkaufsreihenfolge schon im Einkaufskorb beim Nachhausegehen zum Gericht verschmelzen. Das ist auch gut so, denn die Gäste schleichen sich schon an.
Fünf Minuten zur Achtung der feinen Zutaten wären trotzdem angesagt. Keine Panik, gute Überraschungsgäste lassen dir Zeit oder helfen mit.

Kinderleicht
Lieber Kochmuffel, das ist DEIN Auftritt mit bester Publikumswirkung!
Einfach zu kochen, da mit gut verständlichen Kochschritten herstellbar. Was aber nicht unbedingt heisst, dass die Kochzeit kurz ist. Diese Rezepte eignen sich auch bestens, um sich warmzulaufen oder die Kindern zu beschäftigen.

Für den wachen Koch
Eigentlich haben wir keine wirklich komplizierten Rezepte in diesem Buch drin. Hier empfehlen wir dir aber sehr, alles einmal in Ruhe durchzulesen und dann erst den Einkauf und den Küchenüberfall zu planen. Mit wehenden Segeln unterzugehen, ist ja sicher nicht dein Ziel. Und wenn schon, sag deinen Gästen einfach, dass dies deine Variante des Gerichtes sei und die von El Tipico eh nicht kochen können.

Scharfe Sache
Für Machos und Geniesser. Erstere erkennt man an der plötzlich fehlenden grossen Klappe, hochrotem Kopf und je nach Schärfe auch am Gejapse und an unkontrollierten Schweissausbrüchen. Den Zweiten am stillen Genuss der wirkenden Endorphine. Mehr dazu auf der Infoseite zum Thema Chili.

Besonders aphrodisisch
Nicht für den unerwarteten Besuch, sondern eher für das wohl vorbereitete Essen mit nachhaltiger Wirkungsabsicht. Dazu wirst du hoffentlich vor lauter rüsten und kochen das notwendige Ambiente rund ums Essen nicht ausser Acht lassen. Wir wünschen viel Spass und geniessen mit dir!

(aus der Serie "mediterane Freuden")

Sinnliche Begegnung

Bruschette
  Geröstete Landbrotscheiben 10
Crostini
  Geröstete Baguettescheiben 10
Bruschetta al pomodoro
  Bruschetta mit Tomaten 11
Bruschetta ai peperoni grigliati
  Bruschetta mit grillierten Peperoni 11
Crostini con pomodori secchi
  Crostini mit getrockneten Tomaten 12
Crostini con pecorino e fichi freschi e miele
  Crostini mit Pecorino, frischen Feigen und Honig 12
Crostini alle olive e funghi
  Crostini mit Olivenpaste und Pilzen 13
Darfs eine Prise Salz sein?
  Warum wir Meersalz lieben 14
Peperoni alle acciughe e capperi
  Peperoni mit Sardellen-Kapern-Füllung 16
Dátiles con bacon
  Datteln im Speckmantel 17
Empanadas de espinacas
  Teigtaschen mit Spinatfüllung 18
Pain de courgettes
  Zucchinibrot 19
Picci di Carmignano
  Gefüllte Feigen mit Fenchelsamen 20
Gambas al escabeche de perejil y pipas de pino
  Crevetten mit Peterli-Pinienkern-Marinade 21

Lustvolle Annäherung

Chuletas de cordero morunas
  Maurische Lammkoteletts 22
Ajo blanco con uvas
  Kalte Mandel-Knoblauch-Suppe mit Trauben 23
Süpa da caschteng cui func cupin
  Marroni-Steinpilzsuppe 24
Ensalada de apios y naranja
  Stangenselleriesalat mit Orangen und Tomaten 25
Caponata
  Süss-saure Auberginen 26
Mesclun au chèvre chaud
  Blattsalat mit Geissenfrischkäse im Kräutermantel 27
Salade de fenouil à l'orange
  Fenchelsalat mit Orange 28
Coquilles Saint-Jaques au beurre blanc
  Jakobsmuscheln mit beurre blanc 29
Cozze ripiene
  Gefüllte Miesmuscheln 30
Rape en salsa de piñones
  Seeteufel mit Pinienkernsauce 31
Arroz alla marinera
  Paella mit Meeresfrüchten 32
Poulet aux quarante gousses d'ail
  Poulet mit vierzig Knoblauchzehen 34
Magrets grillés avec sauce aillade
  Entenbrust mit Baumnusssauce 35

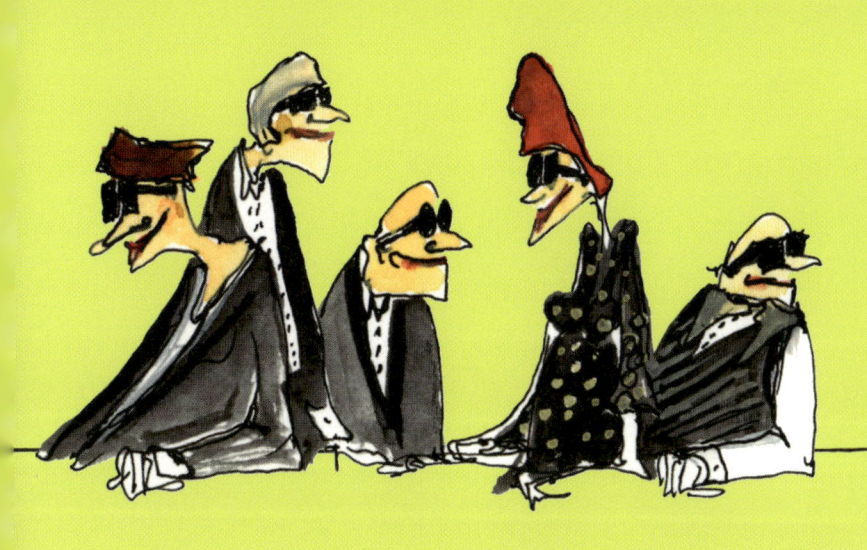

Europa von Gibraltar bis zum Bosporus

Heisser Höhepunkt

Kunéli stifado
   Kaninchenragout mit schwarzen Oliven — 36
Carneiro à transmontana
   Lammgigot mit Pfefferminze und Knoblauch — 37
Ossobuco alla milanese
   Geschmorte Kalbshaxe — 38
Moussaka
   Auberginen-Lammfleisch-Auflauf — 40
Garbanzos en salsa de tomate
   Kichererbsen in Tomatensauce — 42
Carote al marsala
   Rüebli in Marsala — 43
Tian de courgettes
   Zucchinigratin mit Tomaten und Zwiebeln — 44
Peperonata
   Peperoni mit Mandeln und Rosinen — 45
Courgettes au Broccio
   Gefüllte Zucchini auf korsische Art — 46
Parmigiana di melanzane
   Auberginengratin — 47
Risotto verde
   Grüner Risotto mit Artischocken — 48
Patatas bravas
   Scharfe Kartoffeln — 49
Truffat
   Kartoffel-Pastete — 50
Patátes lemonátes
   Zitronenkartoffeln — 52

Süsses Finale

Pesche ripiene
   Pfirsiche mit Amaretti-Mandel-Füllung — 53
Flan al caramelo
   Karamelpudding — 54
Cassata alla Siciliana
   Sizilianische Cassata — 55
Piparkakkujäädyke mansikakastikkeella
   Läckerliparfait mit Erdbeersauce — 56
Flaon
   Ricottakuchen mit Pfefferminze und Anislikör — 57
Tarta de naranja
   Orangentorte — 58
Zürcher Pfarrhaustorte
   Zürcher Pfarrhaustorte — 60
Kouign amann
   Amelies Bretonischer Butterkuchen — 62
Thusis
   Der ultimative Schokoladekuchen — 64
Polverones de almendras
   Mandelplätzchen — 65

Italien

Bruschette
Geröstete Landbrotscheiben

4 Personen	12 Personen	
4 Scheiben	12 Scheiben	Landbrot aus Weiss- oder Halbweissmehl
2	4	Knoblauchzehen, geschält und quer halbiert
3 EL	1.5 dl	Olivenöl

Brot in fingerdicke Scheiben schneiden und im auf 200°C vorgeheizten Ofen goldgelb backen. Gebackene Brotscheiben sofort einseitig mit Knoblauch einreiben und mit Olivenöl beträufeln.

Crostini
Geröstete Baguettescheiben

4 Personen	12 Personen	
8 Scheiben	24 Scheiben	Baguette oder Ciabattastangen aus Weiss- oder Halbweissmehl
3 EL	1.5 dl	Olivenöl

Brot in fingerdicke Scheiben schneiden, einseitig mit Olivenöl beträufeln und im auf 200°C vorgeheizten Ofen goldgelb backen.

aus „Jeden Montag Morgen"

Italien

Bruschetta al pomodoro
Bruschetta mit Tomaten

4 Personen	12 Personen	
4 Scheiben	12 Scheiben	Bruschette
4	12	kleine reife Tomaten, entkernt und fein gewürfelt
2 Zweige	½ Bund	Basilikum, Blätter abgezupft und in feine Streifen geschnitten
		Meersalz
		schwarzer Pfeffer, grob gemahlen

Tomaten, Basilikum, Salz und Pfeffer in einer Schüssel vermischen. Tomatenmasse auf die noch warmen Brotscheiben verteilen und sofort servieren.

Bruschetta ai peperoni grigliati
Bruschetta mit grillierten Peperoni

4 Personen	12 Personen	
4 Scheiben	12 Scheiben	Bruschette
4	12	kleine rote oder gelbe Peperoni, entkernt und in breite Streifen geschnitten
		Olivenöl, zum Beträufeln
1 TL	1 EL	Kapern
½ TL	2 TL	Oregano, Blätter abgezupft und fein gehackt
		Meersalz
1 EL	3 EL	Olivenöl

Peperonistreifen auf ein Blech legen, mit Olivenöl beträufeln und etwa 20 Minuten im auf 200°C vorgeheizten Ofen backen. Die gerösteten Brotscheiben mit den Peperonistreifen belegen. Kapern, Oregano, Salz und Olivenöl mischen und auf die Peperonistreifen verteilen.

Italien

Crostini con pomodori secchi
Crostini mit getrockneten Tomaten

4 Personen	12 Personen	
8 Scheiben	24 Scheiben	Crostini
40 g	100 g	getrocknete, in Öl eingelegte Tomaten
½ EL	2 EL	Kapern
1 Stängel	3 Stängel	glatter Peterli, gehackt
		Meersalz
		schwarzer Pfeffer, grob gemahlen

Die Tomaten und Kapern fein hacken oder pürieren. Mit Peterli, Salz und Pfeffer würzen. Die gerösteten Brotscheiben mit der Paste bestreichen und servieren.

Crostini con pecorino e fichi freschi e miele
Crostini mit Pecorino, frischen Feigen und Honig

4 Personen	12 Personen	
8 Scheiben	24 Scheiben	Crostini
80 g	240 g	junger Pecorino, in dünne Scheiben geschnitten
2	6	frische Feigen, in dünne Scheiben geschnitten
1 EL	2 EL	Akazienhonig

Die gerösteten Brotscheiben mit Käse- und Feigenscheiben belegen und mit Honig beträufeln.

Italien

Crostini alle olive e funghi
Crostini mit Olivenpaste und Pilzen

4 Personen	12 Personen	
8 Scheiben	24 Scheiben	Crostini
200 g	600 g	frische Steinpilze oder Champignons, in Scheiben geschnitten
½	2	Knoblauchzehe, geschält
3 EL	8 EL	Olivenöl
		Meersalz
		schwarzer Pfeffer, grob gemahlen
30 g	100 g	schwarze Oliven, entsteint
1 Stängel	3 Stängel	glatter Peterli, gehackt

Die Hälfte des Öls in einer Bratpfanne erhitzen. Die geschnittenen Pilze und den Knoblauch hinzufügen.
Alles 5 Minuten schmoren. Mit Salz und Pfeffer würzen und die Knoblauchzehe entfernen.
Die Oliven mit dem restlichen Öl pürieren. Die gerösteten Brotscheiben mit der Olivenpaste dünn bestreichen und die Pilze darauf verteilen. Mit Peterli bestreuen und servieren.
Bei der einfacheren Version dieses Rezeptes kann die Pilzmasse auch weggelassen werden.

Darfs eine Prise Salz sein?
Warum wir Meersalz lieben

Ein wenig Geschichte
Über Jahrtausende war Salz das wichtigste Mittel, um Fisch, Fleisch und Gemüse längere Zeit haltbar zu machen. Diese Art der Konservierung benutzten schon die Chinesen 3000 v. Chr. und legten ihre Speisen in Salzlake ein. Und weil das Salz knapp und teuer war, streckten sie es mit anderen Würzmitteln – fertig war die Sojasauce. Auch die Römer haben ihre Soldaten mit Salz entlöhnt. Daher die Bezeichnung Salär. Salat ist gesalzenes Grünzeug, und die Salami gesalzenes Fleisch.
Im Mittelalter war das Salz so wichtig, dass die Klöster darauf achteten, Salzmonopole anzulegen und Salz mit extrem hohen Steuern zu belegen. Wer jetzt denkt, das sei Geschichte, täuscht sich. Die Schweiz erhebt als letztes Land diese Steuer immer noch. Wer Speisesalz in die Schweiz einführen will, muss der Schweizerischen Rheinsaline, als Hüterin des Monopols, 50 Rappen pro kg bezahlen. Das Geld wird dann an die Kantone, die Besitzer der Rheinsalinen, verteilt. Ohne Gegenleistung für dich als Käufer versteht sich!!

Kochsalz – unraffiniertes Salz
Bestenfalls rieselt Meersalz unbekannter Herkunft in unsere Kochtöpfe. Viel zu oft wird immer noch raffiniertes, jodiertes Salz verwendet. Durch Trocknung und Raffination werden so viele Mineralien und Spurenelemente entzogen, dass der Kochsalzgehalt von 96 auf 98 Prozent und mehr steigt. Die Zusammensetzung der zwei bis drei Prozent Differenz zwischen konventionellem und naturbelassenem Salz macht den Unterschied aus, den man auch schmecken kann. Von den über 80 Stoffen, die Meersalz von Natur aus wertvoll für den menschlichen Organismus machen, bleiben bei herkömmlichem Meersalz gerade mal zwei übrig. Denn im üblichen Herstellungsverfahren wird das Salz maschinell geerntet, in gesättigter Lösung chemisch gewaschen und mit Gasbrennern oder in Elektroöfen getrocknet. Es wird ja auch hauptsächlich für die Industrie produziert und der Verkauf von Speisesalz stellt nur eine kleine Nebeneinkunft dar.

Himalaya Kristallsalz
Himalayasalz ist Kristallsalz, das entstand nachdem das Wasser dieses Meeres vor etwa 250 Millionen Jahren verdunstet war. Also ohne die Verschmutzung der heutigen Meere. Dieses milde und mineralreiche Salz wird nach historischer Tradition von Hand abgebaut und selektiert, gewaschen und sonnengetrocknet. Es unterliegt keiner industriellen Behandlung und hat eine hohe Qualität. Trotzdem darf nicht darüber hinweggesehen werden, dass den Salzbauern in Pakistan ein Preis von etwa 20 Rappen pro Kilo bezahlt wird, hier aber zwischen 20 und 40 Franken pro Kilo bezahlt werden muss!

Meersalz, das weisse Gold aus Sonne, Wind und Meer
Bei Guérande, im Süden der Bretagne, liegt das grösste heute noch erhaltene Salinengebiet. Guérande oder Gwen Ran auf bretonisch bedeutet „weisses Land". Das Salz hat diesem Landstrich den Namen verliehen.
Zum ersten Mal im Jahr werden die Salinen je nach Wetterlage zwischen Ende April und Mitte bis Ende Mai geflutet. Nachdem das Meerwasser durch Verdunstung in verschiedenen Becken eine Salzkonzentration von 180 Gramm pro Liter aufweist,

Ich nehme immer extra minimal wenig Salz, damit es nicht so aussieht, als sei ich verliebt.

wird es in zahlreiche kleine Salzpfannen geleitet. Hier kristallisiert die Sole dann bei etwa 280 Gramm pro Liter aus. Dabei gilt es, möglichst genau den Beginn der Schönwetterperiode abzupassen. Fällt nämlich ein Gewitterregen auf die ersten Salzschichten, schlagen dessen grosse Tropfen durch die Schicht bis auf den Boden und verunreinigen die Sole - das Salz taugt dann nur noch zum Waschen und künstlich Trocknen.

Grobes Meersalz / Gros Sel / Sal tradicional
Scheint ausreichend die Sonne und weht zudem noch der Wind, der die Verdunstung fördert, bilden sich auf dem Boden der Kristallisationsbecken Salzkristalle. Das grobe Meersalz entsteht. Der Salzbauer zieht es alle 10 bis 14 Tage mit Hilfe eines speziellen Rechens auf runde Ausbuchtungen des Beckenrandes. Dort trocknet das Salz in der Sonne, bevor es mit einer Schubkarre wegbefördert wird. Das grobe Meersalz hat oft eine leicht graue Farbe. Sie stammt vom Tonboden der Becken, hat aber keinen Einfluss auf die Qualität des Salzes.

Blume des Salzes / Fleur de sel / Flor de Sal
Die Blume des Salzes bildet sich nur bei optimalen Wetterverhältnissen. Das heisst: viel Sonne, niedrige Luftfeuchtigkeit und Wind aus einer bestimmten Richtung, der nicht zu stark sein darf. Sind all diese Voraussetzungen gegeben, entstehen im Laufe des Tages winzige Salzkristalle an der Wasseroberfläche der Becken, die vom Wind zusammengeschoben werden. Dort werden sie gegen Abend mit einem speziellen Holzgerät geerntet. Diese Arbeit verlangt viel Geschick und Fingerspitzengefühl, da die Schicht aus Salz, die einer feinen Eisdecke ähnelt, sonst zerbricht und auf den Boden des Beckens sinkt.
Den Reiz der Salinen erlebt man besonders intensiv zur Zeit der Ernte des Fleur de Sel. Der Duft vom Meer, die erfrischende Kühle, dazu das strahlende Weiss des Fleur de Sel und das zarte Veilchenaroma - hervorgerufen durch die Alge „Duniella salina" - das es verströmt, wenn es gerade frisch geerntet wurde.

Es wir dich nun sicher nicht wundern, dass wir uns in dieses traditionsreiche Produkt Meersalz verliebt haben und nicht mehr darauf verzichten möchten.

Italien, Piemont

Peperoni alle acciughe e capperi
Peperoni mit Sardellen-Kapern-Füllung

4 Personen	12 Personen	
3	9	rote und gelbe Peperoni, in Längsstreifen geschnitten
2	4	Sardellenfilets, fein gehackt
3 Zweige	½ Bund	frischer Oregano, Blätter abgezupft und fein gehackt
1	2	Knoblauchzehe, in dünne Scheiben geschnitten
2 TL	2 EL	Kapern, fein gehackt
2 EL	4 EL	Olivenöl
		Meersalz oder Fleur de sel

Peperonistreifen auf ein Blech legen und etwa 20 Minuten im auf 200°C vorgeheizten Ofen backen. Aus dem Ofen nehmen und abkühlen lassen. Nach Belieben enthäuten. Sardellen, Oregano, Knoblauch, Kapern und Olivenöl gut vermischen und mit Salz abschmecken. Die Peperonistreifen anrichten und mit der Mischung bestreuen.

Spanien, Andalusien

Dátiles con bacon
Datteln im Speckmantel

17

4 Personen	12 Personen	
12	36	kleine getrocknete Datteln, entsteint
6 Tranchen	18 Tranchen	Bratspeck
12	36	Zahnstocher
		Olivenöl, zum Anbraten
2	4	Knoblauchzehen, aufgedrückt
		schwarzer Pfeffer, grob gemahlen

Die Datteln jeweils in eine halbe Scheibe Speck straff einrollen und mit einem Zahnstocher fixieren. Olivenöl in einer Bratpfanne erhitzen und die Knoblauchzehen dazu geben. Etwa 3 Minuten braten, damit der Knoblauchgeschmack vom Öl aufgenommen werden kann. Knoblauchzehen entfernen und die eingerollten Datteln im Öl braten, bis der Speck goldbraun ist. Mit Pfeffer würzen. Lauwarm servieren.

Spanien, Andalusien

Empanadas de espinacas
Teigtaschen mit Spinatfüllung

4 Personen	12 Personen	
Für den Teig:		
50 g	150 g	Butter
1 dl	2.5 dl	Wasser
1 dl	2.5 dl	trockener Weisswein
300 g	900 g	Mehl
		Meersalz
Für die Füllung:		
30 g	80 g	Korinthen (kleinbeerige Rosinen), ersatzweise Rosinen
1 dl	2 dl	trockener Sherry fino oder Sherry manzanillo
2	4	kleine Zwiebeln, gehackt
300 g	900 g	tiefgekühlter Blattspinat
20 g	50 g	gemahlene Mandeln
		Olivenöl, zum Anbraten
		Meersalz
		schwarzer Pfeffer, grob gemahlen
		Mehl, zum Bestäuben der Arbeitsfläche
2	4	Eigelb, zum Bestreichen

Für den Teig die Butter in Wasser und Wein kurz erwärmen, bis sie geschmolzen ist. Mehl und Salz einrühren. Gut durchkneten und zugedeckt zwei Stunden ruhen lassen.
Die Korinthen im Sherry etwa 30 Minuten einweichen.
In einer Pfanne das Olivenöl erhitzen und die Zwiebeln darin andünsten. Den Spinat hinzufügen und kurz mitdünsten. Korinthen mit etwas Einweichsaft und den Mandeln gut unter den Spinat mischen. Mit Salz und Pfeffer würzen. Füllung abkühlen lassen.
Den Tisch mit Mehl bestäuben und den Teig dünn auswallen. Kreise von 10 cm Durchmesser ausstechen. Auf die eine Hälfte etwa 1 Esslöffel der Füllung legen, zusammenklappen und die Ränder mit einer Gabel sorgfältig festdrücken. Mit Eigelb bestreichen und 20 Minuten im auf 180°C vorgeheizten Ofen backen.

DER GROSSE HUNGER TREIBT FRAU ODER MANN
UNAUFHALTSAM STETS VORAN.

Frankreich, Provence

Pain de courgettes
Zucchinibrot

4 Personen	12 Personen	
15 g	30 g	frische Hefe
2 dl	4 dl	lauwarmes Wasser
½ TL	1 TL	Honig
1 EL	2 EL	Olivenöl
		Meersalz
300 g	600 g	Mehl
200 g	400 g	Zucchini, grob geraffelt
3 Zweige	½ Bund	Thymian, Blätter abgestreift und fein gehackt
2 Stängel	4 Stängel	glatter Peterli, fein gehackt
2 Stängel	4 Stängel	Basilikum, Blätter abgezupft und fein gehackt

Hefe mit lauwarmem Wasser und Honig verrühren. Zusammen mit Öl und Salz zum Mehl geben und kneten bis der Teig geschmeidig ist. Zugedeckt an einem warmen Ort etwa 1 Stunde aufgehen lassen.
Zucchini mit einem Haushaltspapier gut trocknen und mit den Kräutern in den Teig einkneten. Den Teig zu einem 1 cm dicken Fladen ausrollen und etwa 20 Minuten im auf 200°C vorgeheizten Ofen backen. Lauwarm servieren.

Italien

Picci di Carmignano
Gefüllte Feigen mit Fenchelsamen

4 Personen	12 Personen	
12	36	getrocknete Feigen
1 EL	3 EL	Fenchelsamen
12	36	Baumnusshälften
12	36	frische Lorbeerblätter

Jede Feige der Länge nach einschneiden, aufklappen und einige Fenchelsamen auf die Schnittstellen streuen. Eine Baumnusshälfte hineinstecken und die Feige wieder zuklappen. Die beiden Hälften fest zusammendrücken, damit sie wieder zusammenkleben. Die Feigen immer abwechselnd mit einem Lorbeerblatt in ein luftdicht verschliessbares Gefäss legen und für etwa zehn Tage reifen lassen. Erst dann servieren.

Spanien

Gambas al escabeche de perejil y pipas de pino
Crevetten mit Peterli-Pinienkern-Marinade

4 Personen	12 Personen	
400 g	1.2 kg	geschälte Crevetten „tail on" (mit Schwänzchen)
1	3	Knoblauchzehe, gepresst
1.5 dl	4 dl	Weisswein
		Meersalz
		schwarzer Pfeffer, grob gemahlen

Für die Sauce:

2 EL	4 EL	Weissweinessig
1 EL	2 EL	Zitronensaft
		schwarzer Pfeffer, frisch gemahlen
3 EL	5 EL	Olivenöl
½ Bund	1 Bund	glatter Peterli, fein gehackt
1	2	kleine Zwiebel, fein gehackt
1	2	rote Peperoni, in kleine Würfel geschnitten
50 g	100 g	Pinienkerne, fein gehackt

Die Knoblauchzehe zusammen mit dem Weisswein, Salz und Pfeffer in einer Pfanne aufkochen. Crevetten dazugeben und bei mittlerer Hitze etwa 5 Minuten garen.
Essig, Zitronensaft, Pfeffer und Öl verrühren. Peterli, Zwiebel, Peperoni und Pinienkerne dazugeben und vermischen. Fertig gegarte Crevetten aus der Pfanne nehmen und abtropfen lassen. Crevetten auf einer Platte anrichten und mit der Sauce beträufeln. Eine Stunde ziehen lassen. Kalt servieren.

Spanien, Andalusien

Chuletas de cordero morunas
Maurische Lammkoteletts

4 Personen	12 Personen	
12	36	Lammkoteletts
Für die Marinade:		
1½ TL	1 EL	Paprikapulver
1 TL	2 TL	gemahlener Kreuzkümmel
1 TL	2 TL	gemahlener Kurkuma (Gelbwurz)
1	2	rote Chilischote, fein gehackt
½ Bund	1 Bund	Pfefferminze, Blätter abgezupft und gehackt
2 EL	4 EL	Olivenöl
Für die Sauce:		
30 g	90 g	getrocknete Aprikosen
150 g	450 g	Crème fraîche
		schwarzer Pfeffer, grob gemahlen

Alle Zutaten der Marinade verrühren und die Koteletts reichlich damit bepinseln. Mindestens 1 Stunde im Kühlschrank ziehen lassen.
Für die Sauce die Aprikosen im Mixer zerkleinern. Creme fraîche und Pfeffer dazugeben, alles verrühren. Koteletts auf dem Grill oder im Ofen 10 Minuten braten. Zusammen mit der Sauce servieren.

Spanien, Andalusien

Ajo blanco con uvas
Kalte Mandel-Knoblauch-Suppe mit Trauben

4 Personen	12 Personen	
250 g	750 g	geschälte Mandeln
150 g	450 g	Weissbrot, ohne Rinde, in etwas Wasser eingeweicht
2	5	Knoblauchzehen
		Meersalz
1.5 dl	3 dl	Olivenöl
1 EL	3 EL	Sherryessig
1 l	3 l	sehr kaltes Wasser
500 g	1.5 kg	Muskatellertrauben, halbiert und entkernt

Mandeln mit dem eingeweichten Brot, dem Knoblauch und dem Salz in einem grossen Mörser oder einer Schüssel zerreiben. Die Zutaten gut vermischen und langsam das Öl dazu giessen, um eine weiche Paste zu erhalten. Den Essig unterrühren und das kalte Wasser zugeben. Die Suppe kühlstellen.
Kurz vor dem Servieren mit etwas Salz und Essig abschmecken. Die Weintrauben dazugeben und gut gekühlt servieren.

Schweiz, Tessin

Süpa da caschteng cui func cupin
Marroni-Steinpilzsuppe

4 Personen	12 Personen	
400 g	1.2 kg	rohe Marroni, eingeschnitten
		Butter, zum Anbraten
1 EL	3 EL	Tomatenpüree
8 dl	2.5 l	Gemüsebouillon
1 TL	1 EL	getrocknete Steinpilze, fein gemahlen
100 g	300 g	frische Steinpilze, in Scheiben geschnitten
		Olivenöl, zum Anbraten
1 dl	2 dl	Rahm, flaumig geschlagen
		Meersalz
		schwarzer Pfeffer, frisch gemahlen
		gemahlener Cayennepfeffer

Marroni mit Wasser benetzen und etwa 25 Minuten im auf 180°C vorgeheizten Ofen backen.
Schälen und in einer Pfanne in heisser Butter goldbraun anbraten. Das Tomatenpüree kurz mitbraten. Die Bouillon dazugiessen und aufkochen lassen. Hitze reduzieren, das Steinpilzpulver dazugeben und zugedeckt etwa 5 Minuten köcheln. Suppe fein pürieren. Pilzscheiben in einer Bratpfanne im heissen Olivenöl goldbraun braten. Für die Garnitur pro Person eine schöne Scheiben beiseite legen. Restliche Scheiben fein würfeln und zur Suppe geben. Zwei Drittel des Rahms unterrühren, mit Salz und Pfeffer würzen und in Tellern anrichten. Die Suppe mit dem restlichen Rahm und den beiseite gelegten Pilzscheiben garnieren.

Spanien, Andalusien

Ensalada de apios y naranja
Stangenselleriesalat mit Orangen und Tomaten 25

4 Personen	12 Personen	
5 Stängel	15 Stängel	Stangensellerie, fein gewürfelt
3	9	Orange, filetiert
3	9	sehr reife Tomaten, fein gewürfelt

Für die Salatsauce:

2 EL	1 dl	Olivenöl
1 EL	3 EL	Rotwein- oder Sherryessig
		Meersalz
		Zucker

Stangensellerie, Orangen und Tomaten in einer Schüssel gut mischen. Olivenöl, Essig, Salz und Zucker gut verrühren und über den Salat giessen. Gut unterheben und anrichten.

Italien, Sizilien

Caponata
Süss-saure Auberginen

4 Personen	12 Personen	
1	3	Auberginen, streifenweise geschält und grob gewürfelt
		grobes Meersalz
		Olivenöl, zum Andünsten
1 Stängel	3 Stängel	Stangensellerie, grob gewürfelt
1	2	grosse Zwiebel, grob gehackt
100 g	200 g	Tomatenpüree
1 EL	3 EL	Kapern, abgespült und abgetropft
10	30	grüne Oliven, entsteint und grobgehackt
30 g	90 g	Pinienkerne, geröstet
4 EL	1.5 dl	Aceto Balsamico
1 EL	2 EL	Zucker
½ Bund	1 Bund	Basilikum, Blätter abgezupft und grobgehackt
1 EL	3 EL	Rosinen, in heissem Wasser eingeweicht und abgetropft
		Meersalz
		schwarzer Pfeffer, grob gemahlen

Die Auberginen mit Salz bestreuen und etwa 1 Stunde in einem Sieb abtropfen lassen. Dann abspülen und trockentupfen. In einer Pfanne bei mittlerer Temperatur etwas Öl erhitzen. Den Stangensellerie hinzufügen und kurz andünsten; er soll noch knackig sein. Beiseite stellen.

In der selben Pfanne Öl bei mittlerer Temperatur erhitzen. Die Auberginen dazugeben und 20 Minuten unter häufigem Wenden dünsten, bis sie goldbraun und weich sind. Herausheben und auf Haushaltspapier abtropfen lassen. Öl in die Pfanne geben und bei mittlerer Temperatur die Zwiebeln hinzufügen und 10 Minuten glasig dünsten. Den Stangensellerie und das Tomatenpüree dazugeben und alles 10 Minuten unter häufigem Rühren köcheln lassen. Anschliessend gegarte Auberginen, Kapern, Oliven, Pinienkerne, Aceto Balsamico, Zucker, Basilikum und Rosinen hinzufügen. Gründlich rühren und die Mischung 20 Minuten bei geringer Hitze in offener Pfanne köcheln lassen. Mit Salz und Pfeffer würzen.

Die Caponata kalt servieren. Schmeckt noch besser, wenn sie am Vortag zubereitet wird.

Frankreich, Provence

Mesclun au chèvre chaud
Blattsalat mit Geissenfrischkäse im Kräutermantel

4 Personen	12 Personen	
4	12	kleine Geissenfrischkäse
4 Zweige	1 Bund	Thymian
4 Zweige	1 Bund	Rosmarin
4 Tranchen	12 Tranchen	Bratspeck, für die vegetarische Version grosse Salbeiblätter
4	12	Zahnstocher, zum Fixieren
		Olivenöl, zum Anbraten
120 g	360 g	bunter Blattsalat „mesclun", z.B. Löwenzahn, Rucola, grüne Salate, Kerbel, Brunnenkresse, Portulak, Radicchio, Basilikum und Ysop

Für die Vinaigrette:

3 EL	1.5 dl	Olivenöl
1 EL	3 EL	Weissweinessig
½ TL	1 TL	Honig
1	2	Knoblauchzehe, zerdrückt
		Fleur de sel
		schwarzer Pfeffer, frisch gemahlen
3	9	Frühlingszwiebeln, in feine Scheiben geschnitten

Als Beilage:

		Weissbrotbaguette

Geissenfrischkäse mit den Kräuterzweigen belegen und mit je einer Specktranche umwickeln. Für die vegetarische Version mit einem grossen Salbeiblatt umwickeln und mit Zahnstocher fixieren.
In einer Schüssel Olivenöl, Essig, Honig, Knoblauch, Fleur de sel und Pfeffer zu einer Vinaigrette verrühren, zuletzt die Frühlingszwiebeln beigeben.
Kurz vor dem Servieren den Salat mit der Sauce mischen und auf Teller anrichten. Käse in reichlich Olivenöl bei mittlerer Hitze vorsichtig und kurz braten. Achtung: Käse vor dem Ausfliessen herausnehmen!
Käse zum Salat legen und zusammen mit dem aufgeschnittenen Brot sofort servieren.

Frankreich, Provence Alpes Maritimes

Salade de fenouil à l'orange
Fenchelsalat mit Orange

4 Personen	12 Personen	
1	2	Fenchelknolle, halbiert und in feine Scheiben geschnitten
1	3	Frühlingszwiebel, mit dem Grün in Scheiben geschnitten
1	3	kleine Orange, filetiert
2 Zweige	4 Zweige	Pfefferminze, Blätter abgezupft und in Streifen geschnitten
3	8	fleischige schwarze Oliven, entsteint
2 EL	4 EL	Olivenöl
1 EL	2 EL	Rotweinessig
		Meersalz
		schwarzer Pfeffer, grob gemahlen

Fenchel zusammen mit der Frühlingszwiebel in eine Salatschüssel geben. Die Orangenfilets mit dem Saft dazugeben. Pfefferminze und Oliven zum Salat geben. In einer kleinen Schüssel Olivenöl, Essig, Salz und Pfeffer verrühren. Den Salat mit der Sauce beträufeln, durchmischen und servieren. Nach Belieben mit Fenchelgrün garnieren.

Frankreich, Bretagne

Coquilles Saint-Jaques au beurre blanc
Jakobsmuscheln mit beurre blanc

4 Personen	12 Personen	
16	48	Jakobsmuscheln, ohne Corail (den orangefarbenen Rogensack)
		Meersalz
		schwarzer Pfeffer, grob gemahlen
		Butter, zum Anbraten

Für die beurre blanc:

4	8	Schalotten, fein gehackt
1 dl	3 dl	trockener Weisswein
1 dl	2 dl	Weissweinessig
		Meersalz
		schwarzer Pfeffer, grob gemahlen
150 g	350 g	sehr kalte Butter, in 1.5 cm grosse Würfel geschnitten

Die Jakobsmuscheln abspülen und trocken tupfen. Jede Muschel in zwei gleich dicke Scheiben halbieren. Mit Salz und Pfeffer würzen.
Schalotten, Wein, Essig, Salz und Pfeffer in einer Pfanne bei schwacher Hitze bis zur Hälfte einköcheln lassen. Die kalte Butter bei sehr schwacher Hitze Stück für Stück mit dem Schwingbesen unter die Sauce rühren. Wenn die Butter eingearbeitet und die «beurre blanc» locker und schaumig ist, beiseite stellen und warm halten.
In einer Bratpfanne die Muscheln mit Butter bei schwacher Hitze kurz auf jeder Seite anbraten. Auf die vorgewärmten Teller verteilen und die Sauce darüber giessen. Sofort servieren.

Italien

Cozze ripiene
Gefüllte Miesmuscheln

4 Personen	12 Personen	
130 g	400 g	Salsiccia (italienische Schweinswurst), ohne Haut
2 EL	6 EL	Paniermehl
1 EL	4 EL	glatter Peterli, gehackt
1	4	Knoblauchzehe, fein gehackt
100 g	300 g	Pelati-Tomaten, gehackt
1	2	Ei, verquirlt
		Meersalz
600 g	2 kg	Miesmuscheln, geputzt und gekocht (offen)
1 EL	3 EL	Olivenöl

In einer Schüssel die Wurst, die Hälfte des Paniermehls, Peterli, Knoblauch, Tomaten und Ei vermengen. Mit Salz abschmecken.
Die Muscheln in eine flache, ofenfeste Form legen und die Füllung gleichmässig auf die Muschelhälften verteilen. Das restliche Paniermehl darüber streuen, mit dem Olivenöl beträufeln und etwa 10 Minuten im auf 180°C vorgeheizten Ofen backen. Heiss servieren.

Spanien

Rape en salsa de piñones
Seeteufel mit Pinienkernsauce

4 Personen	12 Personen	
		Olivenöl, zum Anbraten
1	3	grosse Zwiebel, fein gehackt
60 g	180 g	Pinienkerne, geröstet und die Hälfte davon gemahlen
2 EL	5 EL	trockenes Weissbrot, gemahlen, ersatzweise Paniermehl
2	4	Knoblauchzehen, fein gehackt
1 TL	1 EL	edelsüsses Paprikapulver
300 g	800 g	Pelati-Tomaten, gehackt
2.5 dl	5 dl	trockener Weisswein
		Meersalz
		schwarzer Pfeffer, grob gemahlen
750 g	2 kg	Seeteufelfilet, in 2-3 cm dicke Scheiben geschnitten
		Olivenöl, zum Anbraten
150 g	450 g	Erbsen, tiefgekühlt
½ Bund	1 Bund	Pfefferminze, Blätter abgezupft und gehackt

Für die Sauce das Öl in einer Pfanne erhitzen und die Zwiebel darin glasig dünsten. Gemahlene Pinienkerne, gemahlenes Weissbrot, Knoblauch und Paprikapulver 3 Minuten mitbraten. Tomaten und Weisswein hinzufügen und 8 Minuten eindicken lassen. Mit Salz und Pfeffer abschmecken.
Den Fisch mit Salz und Pfeffer würzen. In einer grossen Pfanne das Olivenöl erhitzen. Den Fisch bei mittlerer Hitze von beiden Seiten je 3 Minuten braten. Die Sauce über den Fisch giessen, die Erbsen dazugeben und alles weitere 5 Minuten garen, bis der Fisch durchgegart ist.
Den Seeteufel mit der Sauce auf einer Platte anrichten und mit den gerösteten Pinienkernen und Pfefferminze garnieren.

Spanien, Andalusien

Arroz alla marinera
Paella mit Meeresfrüchten

4 Personen	12 Personen	
1	2	Zwiebel, gehackt
		Olivenöl, zum Anbraten
150 g	450 g	Aillerons (Pouletflügel-Oberteil)
1	3	Kaninchenschenkel, in mittelgrosse Stücke zerlegt
1	3	Knoblauchzehe, gehackt
60 g	200 g	Baby-Sepien (kleine Tintenfische), in 2-3 Stücke geschnitten
60 g	200 g	Seeteufelfilet, in etwa 3 cm grosse Stücke geschnitten
½	1	Zitrone, den ausgepressten Saft
2 EL	1 dl	herber Weisswein
150 g	450 g	Langkornreis
4 dl	1 l	Gemüsebouillon
160 g	400 g	Pelati-Tomaten, gehackt
160 g	400 g	tiefgekühlte Erbsen
½	1	rote Peperoni, in Würfel geschnitten
		Meersalz
		schwarzer Pfeffer, grob gemahlen
		getrockneter Oregano
0.2 g	0.5 g	Safranfäden, in etwas heissem Wasser eingeweicht
40 g	100 g	Jakobsmuscheln, das Muschelfleisch
100 g	300 g	ganze, rohe Crevetten
100 g	300 g	Zuchtmuscheln in Halbschale
6 Stängel	1 Bund	glatter Peterli, gehackt
1	2	Zitrone

Das Olivenöl in einer flachen Pfanne oder einem Paellablech erhitzen und die Zwiebel darin andünsten. Poulet, Kaninchen und Knoblauch dazugeben und alles zusammen unter häufigem Wenden anbraten. Fleisch an den Pfannenrand schieben.
Sepien und Seeteufel dazugeben und sofort mit Zitronensaft ablöschen. Hitze reduzieren. Alles zusammen 3 Minuten leicht weiter köcheln lassen. Mit Weisswein ablöschen. Fleisch und Meeresfrüchte an den Rand der Pfanne schieben und den Reis in der Mitte der Pfanne verteilen. Mit Gemüsebouillon übergiessen. Aufkochen lassen und Tomaten, Erbsen und Peperoni dazugeben. Das Gemüse gut mit dem Reis mischen. Mit Salz und Pfeffer würzen. Alles zusammen bei geringer Hitze etwa 10 Minuten kochen. Oregano und Safranfäden untermischen.
Jakobsmuscheln, Zuchtmuscheln und Crevetten vorsichtig dazugeben. Weitere 10 Minuten köcheln, bis der Reis gar und der Saft eingekocht ist. Gehackten Peterli auf die Paella streuen.
Zitrone in 8 Schnitze schneiden. Fruchtfleisch entlang der Schale so einschneiden, dass die Schnitze auf den Pfannenrand gesteckt werden können.

Frankreich

Poulet aux quarante gousses d'ail
Poulet mit vierzig Knoblauchzehen

4 Personen	12 Personen	
4	12	Pouletschenkel à 200 g
		Meersalz
		schwarzer Pfeffer, grob gemahlen
30	80	frische Knoblauchzehen, ungeschält *
2 Zweige	6 Zweige	Thymian
2 Zweige	6 Zweige	Rosmarin
2 Zweige	6 Zweige	Salbei
2 Stängel	6 Stängel	glatter Peterli
		Olivenöl, zum Beträufeln

Als Beilage:

Ruchbrotscheiben, geröstet

Die Pouletteile mit Salz und Pfeffer bestreuen. Den Boden einer Gratinform mit den Knoblauchzehen bedecken und die Hälfte der Thymian-, Rosmarin-, Salbeizweige und Peterlistängel darauf legen. Die Pouletteile darauf verteilen und die restlichen Kräuter beigeben. Mit Olivenöl beträufeln. Etwa 50 Minuten im auf 180°C vorgeheizten Ofen garen.
Das Poulet heiss und zusammen mit den Knoblauchzehen und gerösteten Brotscheiben servieren.

* Die Mengenangabe von 40 Knoblauchzehen im Titel basiert auf dem Originalrezept für 6 Portionen.

Frankreich, Toulouse

Magrets grillés avec sauce aillade
Entenbrust mit Baumnusssauce

4 Personen	12 Personen	
Für die Marinade:		
2	6	Knoblauchzehen, grob gehackt
4 EL	1.5 dl	Armagnac
1 Zweig	3 Zweige	Thymian, Blätter fein gehackt
		Meersalz
		schwarzer Pfeffer, grob gemahlen
2	6	Entenbrüste, je etwa 350 g
Für die Baumnusssauce:		
60 g	180 g	Baumnusskerne
2	5	Knoblauchzehen, halbiert
1 EL	2 EL	Wasser
3 EL	1 dl	Olivenöl

Knoblauch, Armagnac und Thymian in eine Schüssel geben und mit Salz und Pfeffer würzen. Fleisch dazugeben und in der Marinade wenden. Bei Zimmertemperatur unter häufigem Wenden 1 Stunde ziehen lassen. Baumnüsse, Knoblauchzehen und Wasser zu einer dicken Paste pürieren. Mit Salz und Pfeffer würzen. Unter ständigem Rühren das Öl in einem dünnen Strahl dazugiessen, bis eine dicke Sauce entsteht. Beiseite stellen. Das Fleisch aus der Marinade nehmen, abtropfen lassen, dann trocken tupfen und eventuell anhaftenden Knoblauch entfernen. Das Fleisch bei mittlerer Hitze mit der Haut nach unten 8 Minuten anbraten. Das Fleisch mit dem Fett bepinseln, das beim Garen austritt. Restliches Fett abgiessen, die Entenbrüste wenden und weitere 5 Minuten braten, wobei man die knusprige Haut mit einer Gabel einsticht, damit noch mehr überschüssiges Fett abgegeben wird. Das Fleisch aus der Pfanne nehmen, warm stellen und das Fett weggiessen. Die aufgehobene Marinade in die Pfanne seihen und 1 Minute einkochen, dann von der Kochstelle nehmen. Fleischstücke mit der Hautseite nach unten erneut in die Pfanne geben, zugedeckt 15 Minuten ruhen lassen.
Das Fleisch aus der Pfanne nehmen, in Scheiben schneiden und auf vorgewärmte Teller verteilen. Den Fleischsaft, den man beim Schneiden auffängt, zu der heissen Marinade in die Pfanne geben. Diese Sauce über die Entenbrüste giessen und sofort servieren. Baumnusssauce getrennt dazu reichen.

Griechenland

Kunéli stifado
Kaninchenragout mit schwarzen Oliven

4 Personen	12 Personen	
4	12	Kaninchenschenkel, je etwa 200 g
1	2	Zitrone, den ausgepressten Saft
		Meersalz
		schwarzer Pfeffer, grob gemahlen
		Mehl, zum Bestäuben
		Olivenöl, zum Anbraten
4 Blätter	12 Blätter	Salbei
1 Zweig	3 Zweige	Thymian
150 g	400 g	Baumnusskerne, gehackt
2.5 dl	5 dl	trockener Weisswein
2 dl	4 dl	Fleischbouillon
150 g	400 g	schwarze Oliven, entsteint

Kaninchenschenkel mit Zitronensaft beträufeln und einige Stunden ziehen lassen. Dann trocken tupfen, salzen, pfeffern und mit Mehl bestäuben. Olivenöl erhitzen, Salbei und Thymian zugeben und die Kaninchenschenkel darin anbraten. Baumnüsse zugeben und kurz rösten. Mit Wein ablöschen und zugedeckt etwa 1 Stunde sanft schmoren. Nach und nach Fleischbouillon dazugeben. 15 Minuten vor Ende der Garzeit die Oliven dazugeben. Heiss servieren.

Portugal, Trás-os-Montes

Carneiro à transmontana
Lammgigot mit Pfefferminze und Knoblauch

37

4 Personen	12 Personen	
1 kg	3 kg	Lammgigot, von überschüssigem Fett und Sehnen befreit
1½ Bund	3 Bund	Pfefferminze, Blätter abgezupft und fein gehackt
35 g	100 g	Bratspeck, fein gewürfelt
3	9	Knoblauchzehen, fein gehackt
1 EL	3 EL	edelsüsses Paprikapulver
		Meersalz
		schwarzer Pfeffer, grob gemahlen
3 EL	1 dl	Olivenöl
4 EL	1 dl	Rotweinessig

Pfefferminze, Speck, Knoblauch, Paprika, etwas Salz, Pfeffer, Olivenöl und Essig zu einer Paste vermischen. Den Gigot gleichmässig mit der Paste einreiben. In Klarsichtfolie einschlagen und mindestens 12 Stunden im Kühlschrank ziehen lassen. Etwa eine Stunde vor dem Garen den Gigot aus dem Kühlschrank nehmen, auspacken und in eine Gratinform legen.
Je nach Gigotgewicht 60–90 Minuten im auf 180°C vorgeheizten Ofen garen. Während des Garens alle 10 Minuten mit dem Garsaft übergiessen.
Den Gigot aus dem Ofen nehmen, wenn das Fleisch noch rosa ist. Fleisch in dünne Scheiben schneiden und mit Bratensaft übergiessen.

Italien, Lombardei

Ossobuco alla milanese
Geschmorte Kalbshaxe

4 Personen	12 Personen	
4	12	Kalbshaxentranchen, je etwa 220 g
		Meersalz
		schwarzer Pfeffer, grob gemahlen
		Mehl, zum Bestäuben
		Olivenöl, zum Anbraten
2	5	Zwiebeln, gehackt
2	5	Knoblauchzehen, gehackt
4	12	Rüebli, grob geraffelt
4 Stängel	12 Stängel	Stangensellerie, grob geraffelt
1	3	Sellerie, grob geraffelt
1.5 dl	3 dl	Weisswein
400 g	1.2 kg	Pelati-Tomaten, gehackt
1 dl	2 dl	Gemüsebouillon
1 Bund	2 Bund	glatter Peterli, grob gehackt
½ EL	1 EL	getrockneter Thymian
1 EL	2 EL	getrockneter Oregano
1 Blatt	2 Blätter	Lorbeer

Für die Gremolata:

1	3	unbehandelte Zitrone, die abgeriebene Schale
1 Bund	2 Bund	glatter Peterli, fein gehackt
4	10	Knoblauchzehen, fein gehackt

ich lieb' es scharf — *ich hab Heisshunger auf sinnvolle Gespräche* — *ich will ein Erdbeertörtchen verdrücken* — *ich passe.*

aus der Serie "BEST ellung"

Kalbshaxen salzen und pfeffern und im Mehl wenden. Überschüssiges Mehl abklopfen. In einer grossen Pfanne Olivenöl erhitzen und die Kalbshaxen auf beiden Seiten bei mittlerer Hitze hellbraun anbraten. Fleisch aus der Pfanne nehmen und beiseite stellen. In die gleiche Pfanne etwas Öl zum Bratensaft geben und bei mittlerer Hitze Zwiebeln, Knoblauch, Rüebli, Stangensellerie und Sellerie unter häufigem Wenden etwa 5 Minuten andünsten. Mit Weisswein ablöschen. Pelati, Gemüsebouillon, Peterli, Thymian, Oregano und Lorbeerblätter zum Gemüse geben und aufkochen. Mit Salz und Pfeffer würzen.
Die Kalbshaxen vorsichtig unter das Gemüse geben. Deckel auflegen und bei schwacher Hitze etwa 1½ Stunden schmoren lassen.
Für die Gremolata die Zutaten mischen und kurz vor dem Servieren über die Kalbshaxen streuen.

Sichern Sie sich rechtzeitig Ihren Platz im Cuarto Amoroso

Griechenland

Moussaka
Auberginen-Lammfleisch-Auflauf

4 Personen	12 Personen	
2	6	Auberginen, streifenweise geschält und längs in 5 mm dicke Scheiben geschnitten
		grobes Meersalz
		Olivenöl, zum Anbraten

Für die Fleischsauce:

		Olivenöl, zum Anbraten
1	3	Zwiebel, gehackt
2	6	Knoblauchzehen, gepresst
250 g	750 g	gehacktes Lammfleisch
75 g	250 g	Pelati-Tomaten, gehackt
1 TL	3 TL	gemahlener Zimt
1 TL	3 TL	getrockneter Oregano
1 EL	3 EL	Tomatenmark
3 EL	1.5 dl	trockener Rotwein
½ Bund	1 Bund	glatter Peterli, gehackt
		Meersalz
		schwarzer Pfeffer, grob gemahlen

Für die weisse Sauce:

30 g	90 g	Butter
2 EL	6 EL	Mehl
2.5 dl	7.5 dl	Milch
¼ TL	½ TL	Muskatnuss, frisch gerieben
		Meersalz
		schwarzer Pfeffer, grob gemahlen
2	6	Eier, verquirlt
130 g	400 g	Ricotta
25 g	75 g	geriebener Parmesan
25 g	75 g	trockenes Brot, gemahlen oder Paniermehl

DENN EIN GUTES ESSEN HEBT DIE MORAL

EIN UMWERFENDES MENUE

Die Auberginen mit Salz bestreuen und 1 Stunde ziehen lassen. Das Wasser abgiessen, die Auberginen mit Haushaltspapier trocken tupfen und dabei überschüssige Flüssigkeit herausdrücken. Reichlich Öl in einer grossen Bratpfanne auf mittlere Temperatur erhitzen. Die Auberginen portionsweise anbraten, bis sie auf beiden Seiten leicht gebräunt sind. Herausnehmen und zum Abtropfen auf Haushaltspapier legen.
In einer Pfanne Olivenöl erhitzen. Zwiebeln und Knoblauch dazugeben und glasig dünsten. Das Fleisch hinzufügen und anbraten. Tomaten, Zimt, Oregano, Tomatenmark und Wein dazugeben und alles etwa 15 Minuten köcheln lassen, bis die Flüssigkeit weitgehend eingekocht ist. Am Schluss Peterli hinzufügen und mit Salz und Pfeffer würzen.
Die Butter für die weisse Sauce in einer Pfanne bei mittlerer Hitze schmelzen. Das Mehl hinzufügen und 2 Minuten kräftig rühren, Hitze reduzieren und nach und nach die Milch einrühren. Solange rühren, bis die Sauce eindickt. Von der Kochstelle nehmen und mit Muskat, Salz und Pfeffer würzen. Eier und Ricotta in die Sauce einrühren.
Parmesan und Paniermehl in einer Schüssel vermischen. In eine hohe Gratinform ein wenig Käse-Paniermehlmischung hineinstreuen. Die Auberginenscheiben lagenweise zusammen mit der Fleischsauce und der restlichen Käsemischung einschichten. Das Ganze mit der weissen Sauce überziehen.
Den Auflauf für etwa 45 Minuten im auf 190°C vorgeheizten Ofen backen, bis die Oberfläche gebräunt, die weisse Sauce aber noch etwas flüssig ist. Bräunt der Auflauf zu rasch, mit Alufolie abdecken.
Aus dem Ofen nehmen und vor dem Servieren 15 Minuten ruhen lassen.

Spanien, Andalusien

Garbanzos en salsa de tomate
Kichererbsen in Tomatensauce

4 Personen	12 Personen	
250 g	750 g	Kichererbsen, gekocht
1 TL	1 EL	Fenchelsamen
		Olivenöl, zum Anbraten
250 g	750 g	Pelati-Tomaten, grob gehackt
		Meersalz
		schwarzer Pfeffer, grob gemahlen
¼ TL	½ TL	scharfes Chilipulver
½ TL	1 TL	gemahlener Zimt
1 TL	1 EL	Zucker
½ Bund	1 Bund	glatter Peterli, grob gehackt
3 Stängel	½ Bund	Pfefferminze, Blätter abgezupft und grob gehackt

Olivenöl in einer grossen Pfanne erhitzen, Fenchelsamen bei geringer Hitze anbraten. Tomaten zu den Fenchelsamen geben. Die gekochten Kichererbsen gut abtropfen lassen und zufügen. In der offenen Pfanne 5 Minuten köcheln lassen.
Mit Salz, Pfeffer, Chilipulver, Zimt und Zucker würzen und etwa 5 Minuten einkochen lassen. Die Sauce sollte etwas eindicken und darf nicht allzu flüssig sein; eventuell also noch einige Minuten länger köcheln lassen.
Peterli und Pfefferminze unter die Sauce heben, kurz durchziehen lassen und warm servieren.

Italien, Sizilien

Carote al marsala
Rüebli in Marsala

43

4 Personen	12 Personen	
500 g	1.5 kg	Rüebli, in Scheiben geschnitten
		Olivenöl, zum Anbraten
		Meersalz
		schwarzer Pfeffer, grob gemahlen
½ TL	2 TL	Zucker
3 EL	1 dl	trockener Marsala (sizilianischer Aperitifwein)

Das Öl in einer grossen Pfanne erhitzen. Rüebli hinzufügen und bei starker Hitze einige Minuten anbraten. Mit Salz und Pfeffer würzen, etwas Wasser hinzufügen und bei niedriger Temperatur weiterkochen, bis sie fast weich sind. Die Temperatur erhöhen, den Zucker über die Rüebli streuen und rühren, damit sie leicht karamellisiert werden. Mit Marsala beträufeln und einkochen lassen.
Rüebli sofort servieren.

Frankreich

Tian de courgettes
Zucchinigratin mit Tomaten und Zwiebeln

4 Personen	12 Personen	
600 g	1.8 kg	Frühlingszwiebeln, mit dem grünen Teil, in 5 mm dicke Scheiben geschnitten
		Olivenöl, zum Andünsten
2	6	Knoblauchzehen, fein gehackt
		Meersalz
		schwarzer Pfeffer, grob gemahlen
3	9	feste, reife Tomaten in gleichmässig dicke Scheiben geschnitten
3	9	Zucchini, in 5 mm dicke Scheiben geschnitten
1 Zweig	3 Zweige	Thymian, Blätter abgezupft
1 Zweig	3 Zweige	Bohnenkraut, Blätter abgezupft

Öl in einer Pfanne erhitzen und die Zwiebeln darin bei geringer Hitze unter ständigem Rühren etwa 8 Minuten andünsten, bis sie weich und glasig sind. Knoblauch, Salz und Pfeffer hinzufügen und unter Rühren noch 2 Minuten garen.

Die Mischung in eine Gratinform füllen und verteilen. Der Länge nach Reihen aus abwechselnd Tomaten- und Zucchinischeiben auf den Zwiebeln anordnen. Mit Thymian und Bohnenkraut bestreuen. Mit Olivenöl beträufeln und mit Salz und Pfeffer würzen.

Etwa 40 Minuten im auf 200°C vorgeheizten Backofen backen, bis das Gemüse weich und leicht gebräunt ist. Heiss oder lauwarm servieren.

Italien

Peperonata
Peperoni mit Mandeln und Rosinen

4 Personen	12 Personen	
1	3	Zwiebel, in 5 mm breite Streifen geschnitten
2	6	rote Peperoni, längs in 1 cm breite Streifen geschnitten
2	6	gelbe oder grüne Peperoni, längs in 1 cm breite Streifen geschnitten
		Olivenöl, zum Andünsten
1	3	Knoblauchzehe, gepresst
2	6	Pelati-Tomaten, grob gehackt
1	2	frische Chilischote, fein gehackt
3 EL	1 dl	Rotweinessig
1 EL	2 EL	Zucker
25 g	75 g	Mandelblättchen, geröstet
35 g	100 g	Rosinen, in heissem Wasser eingeweicht und abgetropft
		Meersalz
		schwarzer Pfeffer, grob gemahlen

Das Öl in einer Pfanne auf mittlere Temperatur erhitzen. Die Zwiebelstreifen dazugeben und 8 Minuten andünsten, bis sie weich werden. Peperonistreifen und Knoblauch hinzufügen und bei schwacher Hitze etwa 20 Minuten garen, bis die Peperonistreifen weich sind.
Die Tomaten und die restlichen Zutaten dazugeben. Mit Salz und Pfeffer würzen und einige Minuten köcheln lassen, damit sich die Aromen verschmelzen und alles schön sämig wird.
Anrichten und warm oder kalt servieren.

Korsika

Courgettes au Broccio
Gefüllte Zucchini auf korsische Art

4 Personen	12 Personen	
8	24	kleine Zucchini, der Länge nach halbiert
		Olivenöl, zum Anbraten
1	2	Knoblauchzehe, fein gehackt
3 Stängel	½ Bund	Basilikum, Blätter abgezupft und fein gehackt
		Meersalz
		schwarzer Pfeffer, grob gemahlen
200 g	600 g	frischer korsischer Broccio-Käse oder Ricotta
1	3	Weissbrotscheibe, ohne Rinde, grob zerkleinert
1 EL	3 EL	Parmesan, fein gerieben
2 EL	5 EL	Korinthen (kleinbeerige Rosinen)
1 EL	3 EL	Pinienkerne

Die Zucchini 15 Minuten dämpfen. Abkühlen lassen. Mit einem kleinen Teelöffel die Zucchinimasse herausstechen und eine 1 cm dicke Wand stehen lassen. Die ausgehöhlte Zucchinimasse grob hacken.
Öl in einer Pfanne erhitzen und die gehackte Zucchinimasse darin unter ständigem Rühren 3 Minuten anbraten. Knoblauch und Basilikum hinzufügen und unter Rühren noch 2 Minuten garen. Von der Kochstelle nehmen und mit Salz und Pfeffer würzen.
Den Käse mit einer Gabel zerdrücken und die Brotkrumen, Parmesan, Korinthen und Pinienkerne einkneten. Den Inhalt der Pfanne hinzufügen und gut vermischen. Die Käsemischung in die Zucchini füllen. Mit dem Öl eine Gratinform einfetten und die Zucchini nebeneinander hineinlegen. Etwa 45 Minuten im auf 200°C vorgeheizten Ofen backen, bis die Füllung aufgegangen und gebräunt ist. Heiss oder warm servieren.

Italien, Basilicata

Parmigiana di melanzane
Auberginengratin

4 Personen	12 Personen	
900 g	2.5 kg	Auberginen, der Länge nach in 5 mm dicke Scheiben geschnitten
		grobes Meersalz
900 g	2.5 kg	Pelati-Tomaten, gehackt
2	4	Knoblauchzehen, gepresst
1 Bund	2 Bund	Basilikum, Blätter abgezupft und in Streifen geschnitten
		Meersalz
		schwarzer Pfeffer, grob gemahlen
		Olivenöl, zum Anbraten und zum Einfetten der Gratinform
90 g	250 g	Parmesan, frisch gerieben
250 g	750 g	Mozzarella, in Scheiben geschnitten

Auberginen mit Salz bestreuen und auf einen Teller schichten. Mit einem zweiten Teller abdecken und beschweren. Mindestens 1 Stunde stehen lassen, um die Bitterstoffe zu entziehen.

Tomaten in einer Pfanne erhitzen, Knoblauch und die Hälfte des Basilikums hinzufügen und etwa 15 Minuten köcheln. Mit Salz und Pfeffer würzen.

Die Auberginenscheiben kurz abspülen, abtropfen lassen und mit Haushaltspapier gründlich abtrocknen. In einer Pfanne reichlich Olivenöl erhitzen und die Scheiben portionsweise goldgelb anbraten. Auf Haushaltspapier gut abtropfen lassen.

Eine Gratinform einfetten und mit einer Schicht Auberginen auslegen. Mit etwas Parmesan bestreuen. Einige Mozzarellascheiben darauf legen, mit Tomatensauce bedecken, Basilikum darüber streuen. Mit Auberginen abdecken, alle Zutaten abwechselnd in der gleichen Reihenfolge einschichten. Mit Tomatensauce abschliessen. Auberginenauflauf etwa 40 Minuten im auf 180°C vorgeheizten Backofen garen.

10 Minuten vor Ende der Garzeit den restlichen Parmesan darüber streuen. Den Gratin warm oder kalt servieren.

Italien

Risotto verde
Grüner Risotto mit Artischocken

4 Personen	12 Personen	
1	2	Knoblauchzehe, fein gehackt
1	4	Zwiebel, fein gehackt
		Olivenöl, zum Andünsten
250 g	750 g	Carnaroli-Reis
		Meersalz
		schwarzer Pfeffer, grob gemahlen
2 EL	1 dl	trockener Weisswein
6 dl	1.8 l	Gemüsebouillon
100 g	300 g	eingelegte Artischockenherzen, abgetropft und grob gehackt
50 g	150 g	Gorgonzola
4 Stängel	1 Bund	Peterli, grob gehackt

In einer Pfanne das Öl erhitzen und den Knoblauch und die Zwiebel bei mittlerer Hitze andünsten. Den Reis einstreuen, mit Salz und Pfeffer würzen und bei schwacher Hitze 3 Minuten rühren bis der Reis glasig wird. Mit dem Wein ablöschen und einkochen lassen. Die Hälfte der Bouillon übergiessen, zudecken und 10 Minuten garen. Danach immer soviel der restlichen Bouillon nachgiessen, dass der Reis knapp bedeckt ist. Am Schluss einkochen lassen, bis der Reis die ganze Flüssigkeit aufgenommen hat. Insgesamt muss der Reis etwa 25 Minuten kochen. Wenn der Reis knapp gar ist, Artischocken und Gorgonzola hinzufügen. Gut unterrühren und mit Pfeffer würzen. Vor dem Servieren mit Peterli bestreuen.

Spanien, Andalusien

Patatas bravas
Scharfe Kartoffeln

4 Personen	12 Personen	
8	14	Knoblauchzehen
3	9	Chilischoten oder scharfe Peperoncini
		Olivenöl zum Anbraten
500 g	1.5 kg	festkochende Kartoffeln, geschält und in Spalten geschnitten
		schwarzer Pfeffer, grob gemahlen
		Meersalz

Nur die Hälfte der Knoblauchzehen schälen und zerdrücken. Ein Drittel der Chilischoten in Streifen schneiden. In einer Pfanne das Olivenöl erhitzen. Kurz bevor das Öl zu rauchen beginnt, die Kartoffeln, den Knoblauch und die geschnittenen Chilischoten unter ständigem Rühren scharf anbraten, so dass die Kartoffeln von allen Seiten goldbraun werden. Die Knoblauchzehen und die Chilischote zwischen den angebratenen Kartoffeln entfernen Die übrigen Knoblauchzehen schälen und in feine Scheiben schneiden. Die restlichen Chilischoten in dicke Scheiben schneiden, die Kerne eventuell entfernen. Etwas Olivenöl und die Knoblauchscheiben, sowie die geschnittenen Chilischoten hinzugeben, mit Salz und Pfeffer würzen und 35 Minuten im auf 180°C vorgeheizten Backofen garen.

Frankreich, Auvergne

Truffat
Kartoffel-Pastete

4 Personen	12 Personen	
24 cm	30 cm	runde Springform

Für den Teig:

200 g	500 g	Mehl
100 g	250 g	weiche Butter, in Stücke geschnitten
2 EL	1 dl	Wasser
		Meersalz, für den Teig

Für die Füllung:

		Olivenöl, zum Anbraten
1	2	Zwiebel, fein gehackt
100 g	250 g	geräucherter Speck, in kleine Würfel geschnitten
600 g	1.5 kg	Kartoffeln, in dünne Scheiben geschnitten
		Meersalz
		schwarzer Pfeffer, grob gemahlen
¼ TL	½ TL	Muskatnuss, frisch gerieben
1	2	Eigelb
1 EL	2 EL	Milch
1.5 dl	4 dl	Rahm

Kochen verbindet ...
wenn Jochen verschwindet

Das Mehl in eine Teigschüssel geben und in die Mitte eine Vertiefung drücken. Butterstücke, Wasser und Salz in die Vertiefung geben. Die Zutaten vermischen und zu einem glatten Teig kneten. Teig zu einer Kugel formen, in Klarsichtfolie einpacken und für 1 Stunde im Kühlschrank ruhen lassen.

Ein wenig Öl in einer Bratpfanne erhitzen, Zwiebel und Speck darin goldgelb braten. Die Kartoffeln in eine Schüssel geben, Salz, Pfeffer, Muskat und die Zwiebel-Speckmischung hinzufügen. Vorsichtig vermischen, damit die Kartoffelscheiben nicht zerbrechen.

Den Teig in zwei verschieden grosse Portionen aufteilen. Die grössere Teigportion zu einer Scheibe, die 8 cm grösser als die Springform ist, auswallen. Den Teig in der mit Backtrennpapier vorbereiteten Form auslegen und am Rand andrücken. Die Kartoffelmischung auf den Teig verteilen. Die zweite Teigportion zu einer Scheibe mit dem Durchmesser der Form auswallen. Diese als Deckel auf die Füllung legen und die Teigränder gut zusammen drücken, damit die Füllung dicht eingeschlossen ist.

Eigelb und Milch verquirlen und die Oberfläche der Pastete mit dieser Mischung bestreichen. Etwa 70 Minuten im auf 200°C vorgeheizten Ofen backen, bis die Pastete goldgelb ist. Aus dem Ofen nehmen und in der Mitte des Pastetendeckels ein Loch von 2 cm Durchmesser schneiden. Durch die Öffnung vorsichtig den Rahm hineingiessen. Das Teigscheibchen wieder einsetzen und den Truffat weitere 10 Minuten backen.

Griechenland

Patátes lemonátes
Zitronenkartoffeln

4 Personen	12 Personen	
1 kg	3 kg	festkochende Kartoffeln, geschält und in Spalten geschnitten
1 EL	3 EL	getrockneter Oregano
3 EL	1 dl	Olivenöl
2	5	Zitronen, den ausgepressten Saft
		grobes Meersalz

In einer Schüssel Kartoffelspalten, Oregano, Öl, Zitronensaft und Salz mischen. Mischung auf ein mit Backtrennpapier belegtes Blech einlagig verteilen. Etwa 30 Minuten im auf 200°C vorgeheizten Backofen garen, bis die Kartoffelspalten gut gebräunt sind.

Italien, Sizilien

Pesche ripiene
Pfirsiche mit Amaretti-Mandel-Füllung

4 Personen	12 Personen	
2 grosse	6 grosse	gelbe Pfirsiche, enthäutet, halbiert und entsteint
60 g	120 g	Amaretti (kleine Mandelmakronen), fein gehackt
1 dl	2 dl	trockener Marsala
1 EL	3 EL	Rohrohrzucker
2 TL	1 EL	Zitronensaft
1	2	Eigelb
4	12	geschälte Mandeln
1 EL	3 EL	Butter
1 EL	3 EL	Puderzucker

Die Fruchthälften leicht aushöhlen, das entnommene Fruchtfleisch in eine Schüssel geben und zerdrücken. Amaretti, Marsala, Zucker, Zitronensaft und Eigelb dazugeben und gut mischen. Die Masse in die Pfirsichhälften füllen, mit jeweils einer Mandel garnieren. Früchte in eine eingebutterte Gratinform setzen, mit Butterflocken belegen und restlichen Marsala dazugiessen.
Etwa 15 Minuten im auf 180°C vorgeheizten Ofen überbacken. Mit Puderzucker bestäuben und warm servieren.

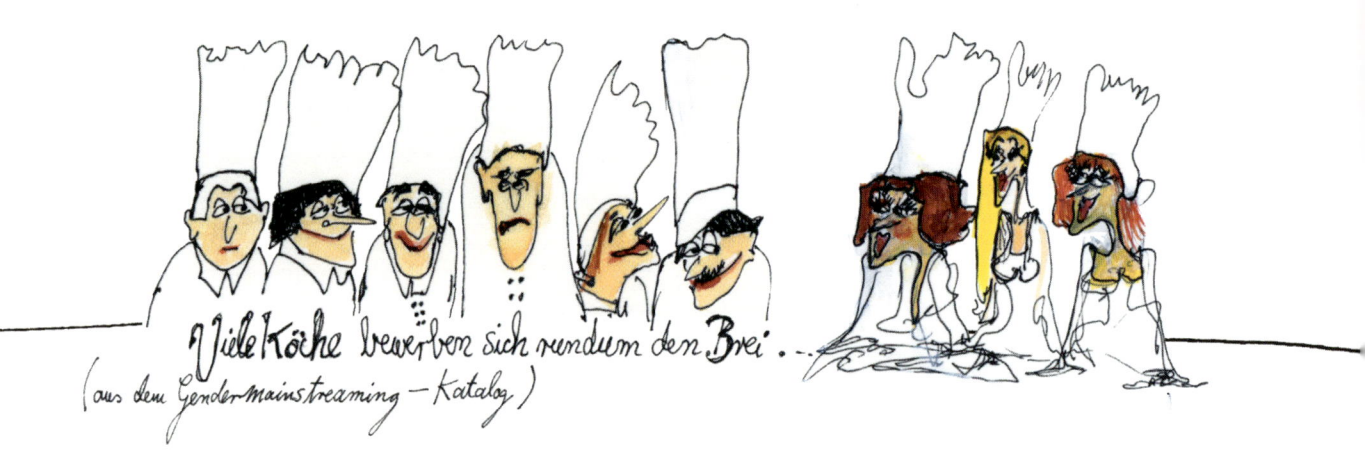

Spanien

Flan al caramelo
Karamelpudding

4 Personen	12 Personen	
7 dl	2 l	Milch
250 g	700 g	Zucker
3 EL	1 dl	Wasser
1	3	Vanilleschote, längs aufgeschlitzt
4	12	Eier
3	9	Eigelb

Die Milch in einer Pfanne aufkochen, Hitze reduzieren und solange weiterköcheln lassen, bis sie um etwa ein Drittel eingekocht ist. In der Zwischenzeit die Hälfte des Zuckers und das Wasser in einer Pfanne aufkochen. Solange weiterkochen, bis der Zucker schmilzt und karamellisiert. Wenn die Farbe goldbraun ist, sofort in hitzebeständige Portionenförmchen oder in eine Gratinform giessen und leicht verteilen.
In der eingekochten Milch die Vanilleschote kurz mitköcheln, die Samen herausschaben und die Vanilleschote entfernen. Milch etwas abkühlen lassen. Eier und Eigelb mit dem restlichen Zucker gut verrühren. Die warme Milch unter kräftigem Rühren in die Ei-Zuckermasse giessen. Fertige Creme in die Förmchen oder Gratinform verteilen. In einer grösseren Schale heisses Wasser einfüllen und die Förmchen hineinstellen. Etwa 45 Minuten im auf 150°C vorgeheizten Ofen im Wasserbad stocken lassen. Förmchen aus dem Wasserbad nehmen, auskühlen lassen und dann kühl stellen. Vor dem Servieren jedes Förmchen kurz in heisses Wasser tauchen, den Rand vorsichtig mit einem Küchenmesser lösen und den Flan auf einen Teller stürzen.

Italien, Sizilien

Cassata alla Siciliana
Sizilianische Cassata

4 Personen	12 Personen	
100 g	250 g	Rohrohrzucker
2 EL	5 EL	Wasser
400 g	1 kg	Ricotta
75 g	200 g	dunkle Schokolade, gehackt
40 g	100 g	kandierte Zitronenschale, gehackt
40 g	100 g	kandierte Orangenschale, gehackt
40 g	100 g	kandierte Kirschen, gehackt
40 g	100 g	Pistazienkerne, gehackt
150 g	400 g	Biskuitboden, aufgeschnitten
2 dl	5 dl	Malvasia delle Lipari oder Vin Santo (Dessertwein)
1 dl	2 dl	Rahm, steif geschlagen

Zucker mit Wasser in eine Pfanne geben und bei mittlerer Hitze rühren, bis sich der Zucker aufgelöst hat. Ricotta mit dem Zuckersirup vermischen, abkühlen lassen und Schokolade, kandierte Früchte und Pistazien untermischen. Die eine Hälfte des Biskuits vorsichtig in eine runde Schüssel einlegen, damit eine halbrunde Vertiefung entsteht. Mit gut der Hälfte des Dessertweins beträufeln. Mit der Ricotta-Masse füllen und mit der zweiten Schicht Biskuit abdecken. Restlichen Dessertwein darüberträufeln.
Mehrere Stunden in den Kühlschrank stellen. Auf eine Platte stürzen und mit Schlagrahm verzieren.

Finnland, Basel loht lo griesse

Piparkakkujäädyke mansikakastikkeella
Läckerliparfait mit Erdbeersauce

4 Personen	12 Personen	
Für das Parfait:		
3	6	Eigelb
70 g	130 g	Zucker
1 dl	2 dl	Milch
130 g	250 g	Läckerli, fein gehackt
2.5 dl	5 dl	Rahm, steif geschlagen
Für die Erdbeersauce:		
150 g	250 g	Erdbeeren, püriert
1 EL	2 EL	Zucker, Menge je nach Reife der Erdbeeren
2 TL	1 EL	Zitronensaft

Eigelb und Zucker in einer Schüssel kräftig verrühren, bis die Masse hell wird. Milch kurz zum Siedepunkt erhitzen und in die Zucker-Eimasse einrühren. Bei geringer Hitze oder im Wasserbad die Masse ständig rühren, bis sie eindickt. Die Läckerli dazugeben und auskühlen lassen. Den geschlagenen Rahm unterheben. Die Parfaitmasse in eine Frischhalteform giessen und über Nacht tiefkühlen.
Die Erdbeeren mit Zucker und Zitronensaft vermischen und kühl stellen.
Parfait etwa 15 Minuten vor dem Servieren aus dem Tiefkühler nehmen und mit Erdbeersauce servieren.

Spanien, Balearen

Flaon
Ricottakuchen mit Pfefferminze und Anislikör

4 Personen	12 Personen	
24 cm	30 cm	runde Springform
15 g	30 g	frische Hefe
5 EL	1.5 dl	Milch, leicht erwärmt
250 g	500 g	Mehl
1 EL	2 EL	Rohrohrzucker
45 g	90 g	kalte Butter, in Flocken geschnitten
1	2	kleines Ei
		Mehl, zum Bestäuben der Arbeitsfläche

Für die Füllung:

350 g	700 g	Ricotta
170 g	350 g	Rohrohrzucker
3	6	Eier
2 EL	4 EL	Anislikör, z.B. „Anis del mono" oder „Pernod"
2 Zweige	4 Zweige	Pfefferminze, Blätter abgezupft und fein gehackt
½ TL	1 TL	gemahlener Zimt
8	12	Pfefferminzblätter, zum Dekorieren

Die Hefe mit der lauwarmen Milch und einer Prise Zucker in einer Schüssel auflösen. Gehen lassen, bis der Vorteig zu schäumen beginnt. Inzwischen Mehl und Zucker in einer weiteren Schüssel gut vermengen. Butter in Flocken zugeben und alles zu einer krümeligen Mischung verarbeiten. Vorteig und Ei hinzufügen und alles zu einem elastischen Teig kneten. Mit einem Küchentuch bedeckt etwa 20 Minuten aufgehen lassen.

Springform mit Backtrennpapier auskleiden. Die Arbeitsfläche leicht mit Mehl bestreuen und den Teig zu einem Kreis auswallen, der etwa 6 cm grösser ist als die Form. Teig in die vorbereitete Form legen und an den Seiten gleichmässig andrücken.

Die restlichen Zutaten, ohne die Pfefferminzblätter für die Dekoration, zu einer cremigen Masse verrühren. Die Käsefüllung auf den Teig giessen und gleichmässig verteilen. Die ganzen Pfefferminzblätter dekorativ auf der Oberfläche verteilen und leicht in die Masse drücken. Den Kuchen etwa 30 Minuten im auf 180°C vorgeheizten Ofen goldgelb backen.

Oh Oh Oh und sowieso und heut mal ganz Orange oh!

Spanien, Valencia

Tarta de naranja
Orangentorte

4 Personen	12 Personen	
22 cm	32 cm	rundes Kuchenblech

Für den Teig:

100 g	200 g	Butter, kalt
250 g	500 g	Mehl
2	4	Eigelb
60 g	120 g	Zucker
¼ TL	½ TL	Salz

Für die Cremefüllung:

3	6	Orangen, den ausgepressten Saft
200 g	400 g	Zucker
50 g	100 g	Butter, zerlassen
5	10	Eier, verquirlt

Für den Belag:

1	2	unbehandelte Orange
50 g	100 g	Rohrohrzucker
2.5 dl	5 dl	Wasser

Für die Glasur:

1 EL	2 EL	Orangensaft
1 EL	2 EL	Wasser
50 g	100 g	Rohrohrzucker

Für den Teig die kalte Butter in kleine Stücke schneiden, mit dem Mehl vermischen und rasch mit den Händen zu einer krümeligen Masse verreiben. Eigelb, Zucker und Salz hinzufügen. Die Zutaten rasch zu einem weichen, leicht formbaren Teig zusammenfügen und 30 Minuten kühl stellen.

Das Kuchenblech mit Backtrennpapier auslegen. Mürbeteig sorgfältig auswallen, Boden und Rand des Kuchenbleches belegen, Teigboden einstechen.

Für die Füllung Orangensaft mit Zucker, Butter und verquirlten Eiern vermischen. Im Wasserbad unter ständigem Rühren erhitzen. Heisse Creme auf den Teigboden giessen.

Torte etwa 20 Minuten im auf 180°C vorgeheizten Ofen backen, bis die Oberfläche goldgelb ist. Herausnehmen und abkühlen lassen.

Für den Belag die Orange waschen und mit der Schale in dünne Scheiben schneiden. In einer Pfanne Wasser und Zucker aufkochen, die Orangenscheiben dazugeben und köcheln lassen, bis sie weich sind, aber noch nicht zerfallen. Herausnehmen und abtropfen lassen.

Für die Glasur Orangensaft, Wasser und Zucker vermischen und 5 Minuten erhitzen. Die Orangenscheiben auf den Kuchen verteilen und den Sirup darübergiessen.

Schweiz, Zürich

Zürcher Pfarrhaustorte
Zürcher Pfarrhaustorte

4 Personen	12 Personen	
24 cm	30 cm	runde Springform
Für den Mürbeteig:		
250 g	500 g	Mehl
½ TL	1 TL	Salz
100 g	200 g	kalte Butter, in Flocken
2 EL	4 EL	Birnel (Birnendicksaft)
2 EL	4 EL	Rahm
1	2	Ei, verklopft
½	1	Zitrone, die abgeriebene Schale
Für die Füllung:		
2	4	Eigelb
3 EL	1 dl	Birnel (Birnendicksaft)
½	1	Zitrone, abgeriebene Schale und ausgepressten Saft
½ TL	1 TL	gemahlener Zimt
150 g	300 g	gemahlene Haselnüsse
2	4	säuerliche Äpfel, fein geraffelt
2	4	Eiweiss, steif geschlagen
3	6	Äpfel, geschält, halbiert und Kerngehäuse entfernt

Blau ist die Nacht und rot ist der Wein und kornblumenblau darf der Tischnachbar sein.

Mehl und Salz in eine Schüssel geben. Die kalten Butterflocken dazugeben und vorsichtig verreiben, bis die Masse gleichmässig fein ist. Restliche Zutaten für den Mürbeteig beigeben und kurz vermischen. Teig zu einer Kugel drücken und zugedeckt etwa 30 Minuten an der Kälte ruhen lassen.
Springform mit Backtrennpapier auskleiden. Je nach gewünschter Randhöhe die Hälfte bis Dreiviertel des Teiges direkt auf den Springformboden gleichmässig dick auswallen. Teigrolle am Rand auflegen, gut andrücken und bis zur gewünschten Höhe hochziehen. Teigboden einstechen.
Für die Füllung Eigelb mit Birnel gut verrühren. Saft und Schale der Zitrone, Zimt, Nüsse und geraffelte Äpfel dazugeben und gut vermischen. Eischnee sorgfältig unter die Masse ziehen und diese gleichmässig auf den Teigboden verteilen. Apfelhälften einschneiden, mit der Wölbung nach oben auf die Füllung setzen und mit wenig Birnel bestreichen. Etwa 40 Minuten im auf 200°C vorgeheizten Ofen backen.

Frankreich, Bretagne

Kouign amann
Amelies Bretonischer Butterkuchen

4 Personen	12 Personen	
Für den pâte á pain (Brotteig) des Butterkuchens:		
½ TL	2 TL	sehr feiner Zucker
1 EL	3 EL	lauwarmes Wasser
5 g	15 g	Hefe
100 g	400 g	Mehl
½ TL	2 TL	Salz
3 EL	2 dl	lauwarme Milch
Für den Butterkuchen:		
24 cm	36 cm	Springform
110 g	300 g	gesalzene Butter
110 g	300 g	Zucker
2 EL	4 EL	Zucker zum Bestäuben

Für den Brotteig den Zucker in eine kleine Schüssel geben. Das lauwarme Wasser hinzufügen und rühren, bis der Zucker sich aufgelöst hat. Die Hefe hineinkrümeln und gut unterrühren. An einem warmen Ort etwa 10 Minuten aufgehen lassen, bis die Masse aufschäumt. Das Mehl auf die Arbeitsfläche sieben und mit dem Salz bestreuen. Vermischen und in die Mitte eine Vertiefung drücken. Die Milch und die Hefemischung hineingiessen.
Alle Zutaten mit den Fingerspitzen schnell vermischen und den Teig zu einer Kugel formen. Den Teig etwa 10 Minuten kneten, bis er glatt und elastisch ist und nicht mehr klebt.
Den Teig in eine bemehlte Schüssel legen und mit einem sauberen feuchten Tuch bedecken. An einem warmen Ort etwa 1½ Stunden aufgehen lassen bis er sein Volumen verdoppelt hat.
Den aufgegangenen Teig flachdrücken und 3 Minuten kneten. Zu einem 1 cm dicken Quadrat auswallen. Die Butter in einen tiefen Teller geben und mit einer Gabel rühren bis sie weich ist und dieselbe Konsistenz wie der Teig besitzt. Das Teigquadrat mit der Butter bestreichen, dabei aussen je einen 2 cm breiten Rand freilassen; mit dem Zucker bestreuen. Das Teigquadrat von beiden Seiten einen Drittel einschlagen. Den entstehenden Teigstreifen quer dazu nochmals von beiden Seiten einschlagen, damit wieder ein Quadrat entsteht. Den Teig möglichst dünn ausrollen und darauf achten, dass keine Butter und kein Zucker herausquillt. Den Teig ein weiteres mal wie zuvor falten.
Den Teig in die Springform legen und mit den Fingern andrücken und darauf achten, dass man ihn nicht zerreisst. In der Mitte beginnen und nach aussen arbeiten, bis der ganze Formboden mit einer gleichmässig dicken Teigschicht bedeckt ist. Anschliessend 30 Minuten ruhen lassen. Den Kuchen 35 Minuten im auf 200°C vorgeheizten Ofen backen und während der letzten 15 Minuten der Backzeit mit der auslaufenden Butter bepinseln.
Den Kuchen mit Zucker bestreuen und weitere 5 Minuten backen, bis der Teig schön karamellisiert und glänzend ist. Den Kuchen etwas abkühlen lassen und auf einer Platte anrichten. Warm servieren.

Ist Luxus eine Geschmacksache oder eine Frage des Stils?

Schweiz, Graubünden, Thusis

Thusis
Der ultimative Schokoladekuchen

4 Personen	12 Personen	
30 cm	38 cm	Cakeform
125 g	160 g	Butter
6	8	Eigelb
250 g	320 g	Rohrohrzucker
125 g	160 g	gemahlene Mandeln oder ½ Haselnüsse und ½ Mandeln
250 g	320 g	dunkle Schokolade 60-70% Kakaoanteil, mit etwas Butter geschmolzen
2 EL	4 EL	Kirsch
6	8	Eiweiss
		Salz

Butter, Eigelb und Zucker kräftig rühren bis die Masse hell und schaumig ist. Nüsse und geschmolzene Schokolade gut unterrühren, Kirsch beifügen und gut mischen. Eiweiss mit einer Prise Salz steif schlagen. Vorsichtig unter die Masse ziehen.
Cakeform mit Backtrennpapier auskleiden, die Kuchenmasse einfüllen und etwa 50 Minuten im auf 180°C vorgeheizten Ofen backen. Bei der Nadelprobe darf noch etwas Teig hängen bleiben. Der Kuchen soll ja so feucht wie ein Praliné sein.

Spanien

Polverones de almendras
Mandelplätzchen

4 Personen	12 Personen	
150 g	350 g	Schweineschmalz
ersatzweise		
150 g	350 g	Butter
1 TL	2 TL	Puderzucker
½	1	Eigelb
1 TL	2 TL	Vanillezucker
50 g	100 g	geschälte, gemahlene Mandeln
¼ TL	½ TL	Meersalz
200 g	400 g	Mehl
100 g	200 g	Puderzucker, die Hälfte auf einen Teller gesiebt

Schweineschmalz weich werden lassen und schaumig schlagen. Nach und nach Puderzucker, Eigelb, Vanille, Mandeln, Salz und Mehl unterarbeiten. Aus dem Teig baumnussgrosse Kugeln formen (zwischendurch immer wieder die Hände kalt abspülen). Die Kugeln in einem Abstand von etwa 2 cm auf ein Blech legen und etwa 45 Minuten im auf 150°C vorgeheizten Ofen backen. Die Plätzchen sollten hell bleiben.
Die Plätzchen auf ein Kuchengitter legen und nicht ganz auskühlen lassen. Die Plätzchen im gesiebten Puderzucker wenden, wieder aufs Gitter legen und mit dem restlichen Puderzucker bestäuben.

Sinnliche Begegnung

Paludeh
Melonen-Zitronen-Getränk 68
Gewürzte Mandeln
Gewürzte Mandeln 69
Muhammara
Baumnuss-Peperonipaste 70
Sigara böreği
Teigrollen mit Schafskäsefüllung 71

Lustvolle Annäherung

Çerkez tavuğu
Poulet nach Tscherkessenart 72
Kavun salatası
Melonensalat mit Feta 73
Kısır
Bulgursalat 74
Portakal salatası
Orangensalat mit Zwiebeln und Oliven 75
Borani-e esfenadsch
Spinatsalat mit Joghurt 76

Orient und nördliches Afrika

Heisser Höhepunkt

Tajine Mrouzina
Geschmortes Lammfleisch mit Raz el Hanout 77
Ras el Hanout
Die geheimnisvolle Gewürzmischung 78
Bobotie
Hackfleischauflauf mit Rosinen 80
Msir
Eingelegte Salz-Zitronen 82
Djej m'chermel
Poulet mit Zitrone und Oliven 83
Kefta
Hackfleischküchlein mit Kreuzkümmel und Zimt 84
Murghi Curry
Kokos-Mandel-Poulet 85
Carottes à la canelle
Rüebli mit Zimt 86
Zeytinyağlı taze fasulye
Geschmorte grüne Bohnen mit Olivenöl 87
Imam bayıldı
Gefüllte Auberginen „Des Imam Gaumenfreude" 88
Gara bi chermoula
Zucchini mit Chermoulamarinade 89
Couscous bi'l chudar
Couscous mit sieben Gemüsen 90

Süsses Finale

Portakal kompostosu
Orangen in duftendem Sirup 92
Mah allabia amardine
Aprikosencreme 93
Kaymaklı kayısı
Gefüllte Aprikosen 94
Ras el Hanout-Parfait
Gewürztes Parfait mit Granatapfelsauce 95
Baklava
Blätterteig-Nussgebäck 96
Trockenfrüchtesalat
Orientalischer Trockenfrüchtesalat 98
Chay
Pfefferminztee 99

Persien

Paludeh
Melonen-Zitronen-Getränk

4 Personen	12 Personen	
1	3	Honigmelone, fein püriert
1	3	Zitrone, den ausgepressten Saft
50 g	120 g	Rohrohrzucker
2 EL	4 EL	Rosenwasser
		Eiswürfel

Die pürierte Melone und den Zitronensaft in einen Krug giessen. Den Zucker und das Rosenwasser gut unterrühren. Das Getränk etwa 2 Stunden kühl stellen. Gläser zu einem Viertel mit Eiswürfeln füllen, den Melonen-Zitronensaft darüber giessen und servieren.

Es gibt verschiedene Möglichkeiten, sich der Physiognomie eines Glases anzunähern.

aus der Anstands Serie

Orient

Gewürzte Mandeln
Gewürzte Mandeln

4 Personen	12 Personen	
		Olivenöl, zum Anbraten
300 g	900 g	ganze geschälte Mandeln
100 g	250 g	Rohrohrzucker
2 TL	4 TL	gemahlener Kreuzkümmel
1 TL	2 TL	Chiliflocken
		Salz
1 EL	3 EL	Rohrohrzucker, zum Bestreuen

Wenig Öl bei mittlerer Hitze erwärmen und die Mandeln darin leicht anrösten. Zucker hinzufügen und die Mandeln unter ständigem Rühren caramelisieren lassen. Sofort mit Kreuzkümmel, Chiliflocken und Salz vermischen und auf einem Backblech verteilen. Abkühlen lassen.
Lauwarm oder kalt servieren.
Luftdicht verschlossen sind die Mandeln einige Wochen haltbar. Aber so lange überleben sie sowieso nicht!

Syrien

Muhammara
Baumnuss-Peperonipaste

4 Personen	12 Personen	
2	6	grosse rote Peperoni, ein Viertel in feine Streifen geschnitten, der Rest grob gehackt
2	6	Knoblauchzehen, fein gehackt
4	12	Zwieback, in Stücke gebrochen
100 g	300 g	Baumnusskerne (einige schöne Hälften für die Dekoration beiseite legen)
4 EL	1.5 dl	Olivenöl
2 TL	6 TL	Harissa (scharfe arabische Gewürzpaste)
		Meersalz

Grob gehackte Peperoni mit den restlichen Zutaten fein pürieren. Die Baumnuss-Peperoni-Paste in eine Schale umfüllen und glatt streichen. Mit den beiseite gestellten Baumnusskernen und Peperonistreifen verzieren.

Türkei, Istanbul

Sigara böreği
Teigrollen mit Schafskäsefüllung

4 Personen	12 Personen	
200 g	600 g	türkischer Schafskäse (Beyaz peynir)
ersatzweise		
200 g	600 g	Fetakäse, fein zerdrückt
1 Bund	2 Bund	Dill, fein gehackt
1 Bund	2 Bund	glatter Peterli, fein gehackt
2	6	Yufka-Teigblätter (in türkischen Läden erhältlich), in 12 Stücke geschnitten
ersatzweise		
24 Stück	72 Stück	kleine Frühlingsrollenblätter (in Asia-Läden erhältlich)
1 dl	2 dl	Erdnussöl

Den Dill und den Peterli gut unter den Käse mischen. Yufka-Teigblätter/Frühlingsrollenblätter mit einer Ecke nach oben vor sich hin legen und auf der körperzugewandten Seite etwa 2 Teelöffel der Füllung aufs Blatt legen. Füllung eine Umdrehung satt einrollen, die Seitenecken leicht einschlagen und weiter aufrollen wie Zigarren. Die Spitze mit etwas Wasser bestreichen und ankleben.
Zum Backen die Teigrollen auf ein mit Backtrennpapier ausgelegtes Blech legen und mit Erdnussöl bestreichen. Bei 180°C etwa 10 Minuten backen, bis sie goldbraun sind. Heiss oder lauwarm servieren.

Türkei

Çerkez tavuğu
Poulet nach Tscherkessenart

4 Personen	12 Personen	
500 g	1.5 kg	Pouletbrust
		Meersalz
½ TL	1 TL	schwarze Pfefferkörner
1	3	Rüebli, grob gewürfelt
1	3	kleine Zwiebel, geviertelt
200 g	600 g	Baumnusskerne, fein gehackt (schöne Hälften für die Dekoration beiseite legen)
½ TL	1 TL	mildes Paprikapulver
½ TL	1 TL	scharfes Paprikapulver
4 Scheiben	12 Scheiben	Toastbrot, ohne Rinde
1 dl	3 dl	Milch
		Meersalz
		schwarzer Pfeffer, grob gemahlen
2 EL	5 EL	Olivenöl
¼ TL	½ TL	Cayennepfeffer
½ Bund	1 Bund	glatter Peterli, schöne Blätter abgezupft

Poulet in eine Pfanne legen und knapp mit Wasser bedecken. Salz und Pfefferkörner einstreuen, Rüebli und Zwiebel dazugeben. Alles aufkochen lassen. Schaum abschöpfen und das Poulet zugedeckt bei geringer Hitze etwa 30 Minuten garen, aus der Flüssigkeit nehmen und abkühlen lassen. Die Fleischbouillon beiseite stellen.
Gehackte Baumnüsse in einer Pfanne mit dem Paprikapulver vermischen und unter Rühren bei mittlerer Hitze etwa 5 Minuten anrösten, abkühlen lassen.
Das Toastbrot mit etwas Fleischbouillon einweichen und leicht ausdrücken. Das Brot zusammen mit der Milch und der Baumnussmasse zu einer dicken Paste pürieren.
Das gekochte Pouletfleisch sehr fein hacken oder kurz pürieren. Mit Salz und Pfeffer würzen und mit der Nusspaste mischen. Das Olivenöl und den Cayennepfeffer gut unterrühren.
Die Mischung auf eine Platte schön auftürmen und mit Peterli und Nusshälften garnieren. Vor dem Servieren etwa 30 Minuten bei Raumtemperatur durchziehen lassen.

Türkei

Kavun salatası
Melonensalat mit Feta

4 Personen	12 Personen	
1	3	Charentais- oder Cavaillonmelone, in mundgerechte Stücke geschnitten
200 g	600 g	Fetakäse, in mundgerechte Stücke geschnitten
6 Stängel	1 Bund	violetter Basilikum, Blätter abgezupft
4 Stängel	1 Bund	Pfefferminze, Blätter abgezupft
3 EL	1.5 dl	Olivenöl
1 TL	1 EL	Zitronensaft
8	20	schwarze oder Kalamata Oliven

Melone, Käse und Kräuter in einer Schüssel vermischen. Öl und Zitronensaft darüber giessen. Den Salat mit schwarzen Oliven garnieren.

Türkei

Kısır
Bulgursalat

4 Personen	12 Personen	
200 g	600 g	feiner Bulgur (geschroteter Weizen)
4 dl	1 l	Wasser, siedend
3 EL	1.5 dl	Olivenöl
1	3	Zitronen, den ausgepressten Saft
1 EL	3 EL	Tomatenpüree
1 TL	1 EL	mildes Paprikapulver
½ TL	1 TL	gemahlener Kreuzkümmel
3	9	Tomaten, klein gewürfelt
1 Bund	3 Bund	Frühlingszwiebeln, in dünne Ringe geschnitten
4	12	rote Peperoni, in dünne Streifen geschnitten
		schwarzer Pfeffer, grob gemahlen
		Meersalz
6 Stängel	2 Bund	glatter Peterli, fein gehackt
4 Stängel	1 Bund	Pfefferminze, fein gehackt

Den Bulgur in einer möglichst flachen Schüssel mit siedendem Wasser übergiessen und etwa 15 Minuten quellen lassen, bis das Wasser völlig aufgesogen ist. Zwischendurch mit einer Gabel auflockern.
Das Olivenöl und den Zitronensaft miteinander verrühren und unter den warmen Bulgur mischen. Dann die Gewürze, das Tomatenpüree und das Gemüse dazugeben und mischen. Mit Salz und Pfeffer abschmecken. Zuletzt den Peterli und die Pfefferminze beimischen. Den Salat etwa 10 Minuten ziehen lassen, eventuell nachwürzen.

Türkei

Portakal salatası
Orangensalat mit Zwiebeln und Oliven

4 Personen	12 Personen	
2	6	grosse Orangen, das Fruchtfleisch quer in 3 mm dicke Scheiben geschnitten
1	3	rote Zwiebel, in feine Streifen geschnitten
130 g	360 g	scharfe schwarze Oliven, entsteint
		Olivenöl, zum Beträufeln
¼ TL	½ TL	gemahlener Cayennepfeffer

Die Orangenscheiben auf einem Servierteller anrichten und die Zwiebeln darauf verteilen. 30 Minuten stehen lassen. Die Oliven darüber verteilen und den Salat mit etwas Olivenöl beträufeln. Mit Cayennepfeffer bestreuen.

Persien

Borani-e esfenadsch
Spinatsalat mit Joghurt

4 Personen	12 Personen	
1	3	Zwiebel, fein gehackt
		Olivenöl, zum Andünsten
½ TL	1 TL	gemahlener Kurkuma (Gelbwurz)
500 g	1.5 kg	tiefgekühlter Blattspinat
150 g	400 g	Naturejoghurt
50 g	150 g	Creme fraîche
2	6	Knoblauchzehen, gepresst
		schwarzer Pfeffer, grob gemahlen
		Meersalz

Olivenöl in einer Pfanne erhitzen und die Zwiebeln darin bei geringer Hitze goldbraun andünsten. Danach das Kurkumapulver einrühren. Den Spinat zugeben und kurz aufkochen. Mischung leicht abkühlen lassen und dann Joghurt, Creme fraîche und Knoblauch gut unterrühren. Mit Pfeffer und Salz abschmecken.
Den Spinatsalat lauwarm oder kalt servieren.

Marokko

Tajine Mrouzina
Geschmortes Lammfleisch mit Raz el Hanout

4 Personen	12 Personen	
1 kg	3 kg	Lammschulter, in 3 cm grosse Würfel geschnitten
½ TL	1 TL	gemahlener Ingwer
½ TL	1 TL	schwarzer Pfeffer, grob gemahlen
½ EL	1 EL	Ras el Hanout (Gewürzmischung), gemahlen
0.2 g	0.5 g	Safranfäden
		Wasser, zum Schmoren
50 g	100 g	Butter
1	3	Zwiebel, fein gehackt
1	3	Knoblauchzehe, gepresst
1	3	Zimtstange, etwa 5 cm lang
200 g	500 g	Rosinen, im heissem Wasser eingeweicht
160 g	400 g	Mandeln, geschält
40 g	80 g	Honig
½ TL	1 TL	gemahlener Zimt

In einer Schüssel Ingwer, Pfeffer, Ras el Hanout und Safran mischen. Das Fleisch mit der Hälfte der Gewürzmischung gut einreiben und in eine zweite Schüssel geben. Gewürztes Fleisch und die restliche Gewürzmischung zugedeckt einige Stunden kühl stellen.
Das Fleisch in eine grosse Pfanne geben und mit Wasser knapp überdecken. Butter, Zwiebel, Knoblauch und Zimtstange zugeben und alles zum Kochen bringen. Immer wieder abschäumen. Auf geringe Hitze reduzieren und den Deckel auflegen. Das Fleisch etwa 1 Stunde schmoren lassen, bis es weich ist; dabei von Zeit zu Zeit umrühren und wenn nötig Wasser nachgiessen.
Die restliche Gewürzmischung mit den Rosinen mischen und 1 Stunde stehen lassen.
Die Rosinengewürzmischung, Mandeln, Honig und Zimt an das Fleisch geben. Alles 30 Minuten mit aufgelegtem Deckel köcheln lassen, bis das Fleisch sehr weich ist und fast auseinander fällt.
Heiss oder lauwarm servieren.

Ras el Hanout
Die geheimnisvolle Gewürzmischung

...der schlaue König setzt sich vor sie in der Schürze und angelt sie mit einem Referat über Gewürze.

Diese berühmte, althergebrachte marokkanische Mischung aus zwanzig oder mehr Gewürzen fasziniert uns sehr. Ras el Hanout heisst übersetzt so etwa „Chef des Ladens", vermutlich, weil der Ladeninhaber die Mischung selbst herstellt, und zwar nach seinem Geschmack und nach den Bedürfnissen und der Kaufkraft seiner Kunden. Die Mischung ist je nach Gegend verschieden. Alle enthalten aber etwas Aphrodisiaka - Cantharides (Spanische Fliegen), Eschenbeeren und Paradieskörner - sowie Gewürze und getrocknete Blumen. Ras el Hanout wird stets ganz verkauft und nach Bedarf gemahlen. Es soll wärmen und wird zu Wild, Reis und Couscous verwendet, ferner in Lammfleisch-Eintöpfen und auch süssen Speisen. Hier unsere eigene, reiche Mischung für euch wichtigen Kunden:

½ Stange Zimt	2-3 cm Kurkuma	1 EL Kreuzkümmel	1 EL Korianderkörner	1 EL Kubebenpfeffer
½ EL schwarzer Pfeffer	½ EL Langpfeffer	eine halbe Muskatnuss	2 cm Ingwerwurzel	3-4 Nelken
1 TL Muskatblüten	1 Lorbeerblatt	einige Safranfäden	3-4 Rosenknospen	½ TL Eschenbeeren
1 Kardamomkapsel	½ EL Fenchelsamen	½ EL Paradieskörner	½ EL Nigella	1 TL Veilchenwurzel
½ TL Lavendelblüten	½ EL Galgantwurzel	½ EL Thymian	½ TL Zimtblüten	½ TL Indisches Nussgras
2-3 Wacholderbeeren				

Auf die Spanische Fliege verzichten wir in dieser Rezeptur ausnahmsweise, da sie kaum erhältlich ist und bei falscher Dosierung tödlich sein kann! Und da hört unserer Meinung nach der aphroidisische Wirkungswunsch auf. Die Zutaten gut vermischen und in einem Glas dicht verschliessen. Erst kurz vor Gebrauch in einem Mörser oder Mahlwerk fein mahlen.
Hier die Informationen zu den einzelnen Zutaten:

Ceylonesischer Zimt   Stark aromatisch, süss, angenehm, warm und kaum bitter. In der westlichen Küche wird Zimt fast nur noch für Süssspeisen verwendet.

Eschenbeere   Ein Aphrodisiakum. Eschenbeeren sollen im alten Irland magische Kräfte haben. Bewirft man einen Geist mit Eschenbeeren, so kann er seine bösen Kräfte nicht gegen einen einsetzen.

Fenchel   Früchte, die meist als „Fenchelsamen" verkauft werden. Im Unterschied zu den meisten verwandten Gewürzen behält Fenchel auch nach dem Trocknen seine grüne Farbe.

Galgant   Warm, süsslich und leicht harzig. Die Pflanze wird heute in Indochina, Thailand, Malaysia und Indonesien angebaut und dort mehrheitlich auch frisch in der Küche verwendet.

Ingwer   Erfrischender, zitronenartiger Geruch; scharfer, warmer und beissender Geschmack. Heute wird Ingwer im ganzen tropischen und subtropischen Asien, in Teilen Afrikas, Brasilien und Jamaica angebaut.

Kardamom   Süss und aromatisch, sehr angenehm. Aus Südindien und Sri Lanka. In Arabien braucht man Kardamom vor allem zum Würzen von Kaffee. Der nach Kardamom duftende Kaffee ist fast ein Symbol arabischer Gastfreundlichkeit.

Koriander   Angenehm würzig warm oder nussig. Vom Koriander werden die Früchte, die Blätter und in Thailand auch die Wurzeln verwendet. Jedes hat seinen eigenen sehr unterschiedlichen Geschmack.

Kreuzkümmel Stark aromatisch; das Aroma ist charakteristisch und ändert sich beim Braten oder Rösten. Hauptproduktionsgebiete sind heute Indien, Iran, Indonesien, China und der südliche Mittelmeerraum.

Kurkuma Frisch riecht der Wurzelstock aromatisch und schmeckt herb, harzig und leicht brennend; getrocknet entwickelt er ein würziges Aroma. Der Gebrauch von Kurkuma lässt sich fast 4000 Jahre zurückverfolgen, bis zur vedischen Kultur Indiens.

Lavendel Sehr starker, parfumartiger Geruch. Ausserhalb Frankreichs wird Lavendel nur selten als Gewürz verwendet.

Lorbeer Aromatisch und etwas bitter. Wahrscheinlich aus Kleinasien; heute wächst der Lorbeerbaum im ganzen Mittelmeergebiet. Die Türkei ist einer der Hauptproduzenten.

Muskatnuss und Muskatblüte (Macis) Die Muskatnuss ist keine Nuss, sondern der innere Kern einer pfirsichartigen Frucht. Beide Gewürze haben einen aromatischen, harzigen und warmen Geschmack. Die Muskatblüte hat ein etwas feineres Aroma. Die Muskatblüte ist das dünne, ledrige Gewebe zwischen dem Kern und dem Fruchtfleisch.

Nelken Intensiver, aromatischer und süsser Geruch, starker und brennender Geschmack. Blütenknospen des Nelkenbaums.

Nigella Nigellasamen riechen kaum, aber beim Mahlen oder Kauen entwickeln sie ein Aroma, das an Oregano erinnert. Der Geschmack ist aromatisch und ein klein wenig bitter. Andere Namen sind „Schwarzkümmel" und „Zwiebelsamen".

Paradieskörner, Melegueta Ein naher Verwandter von Kardamom und Ingwer. Die Paradieskörner haben eine feine Schärfe und ein mildes, sehr spezielles Pfefferaroma, das mit keinem anderen Gewürz zu vergleichen ist.

Indisches Nussgras Ist in indischen und ägyptischen Feuchtgebieten zu Hause und gilt als typisches Räuchermittel der Antike. Verströmt orientalischen Duft und beruhigt die Nerven.

Schwarzer Pfeffer Wird aus noch nicht ganz reifen Früchten gewonnen. Diese werden langsam getrocknet und fermentiert, wobei die aromatische Fruchthülle einschrumpelt und die charakteristische braune bis schwarze Farbe annimmt.

Langpfeffer oder Bengalischer Pfeffer Langpfeffer kommt wie der Schwarze Pfeffer aus Indien. Geschätzt wird er heute in Asien und in Arabien vor allem als Aphrodisiakum.

Kubebenpfeffer Kubeben nennt man die Früchte eines echten Pfeffergewächses aus Indonesien. Kubeben waren im Mittelalter ein beliebter Ersatz für den unerschwinglich teuren Schwarzen Pfeffer.

Rosenknospen Damaszener Rose Blüten- bis parfumartig, süsslich und sehr angenehm. Viele Arten der Gattung Rosa wachsen von Europa bis Ostasien, wobei das Zentrum in Zentralasien liegt.

Safran Verwendet wird die Narbe (mittlerer Teil der Blüte). Man benötigt etwa 150000 Blüten für ein Kilogramm getrockneten Safran; das entspricht der Ernte von 2000 m2 Anbaufläche. Anbaugebiete sind im Iran, Spanien und im Wallis in Munt.

Thymian Sehr stark aromatisch, etwas rauchig. Das Gewürz wird in Südeuropa viel angebaut, aber auch in Nordafrika.

Veilchenwurz auch Florentinische Schwertlilie Die alte Bezeichnung „Veilchenwurz" kommt von der Wurzel, die beim Trocknen nach Veilchen riecht.

Wacholder Aromatisch mit süssen und terpenartigen Akzenten, ziemlich ähnlich dem südamerikanischen rosa Pfeffer. Vorkommen in gemässigten Breiten Europas und Asiens.

Zimtblüten Die sogenannten „Zimtblüten" oder „Kassienknospen" sind die unreifen, kurz nach der Blüte geernteten Früchte; sie erinnern im Aussehen etwas an Gewürznelken. Sie haben weniger Aroma als die Rinde, ihr Geruch ist allerdings ziemlich interessant: Mild, rein und süsslich.

Südafrika

Bobotie
Hackfleischauflauf mit Rosinen

4 Personen	12 Personen	
1	3	Scheibe trockenes Weissbrot, in Wasser eingeweicht
		Erdnussöl, zum Anbraten
		Butter, zum Anbraten
1	3	grosse Zwiebel, gehackt
400 g	1.2 kg	gehacktes Rindfleisch
2	4	Knoblauchzehen, gepresst
1 TL	1 EL	Masala Gewürzmischung, gemahlen
½ TL	1½ TL	gemahlener Kurkuma (Gelbwurz)
1 TL	1 EL	gemahlener Kreuzkümmel
1 TL	1 EL	gemahlene Koriandersamen
1	2	gemahlene Gewürznelken
½ TL	1 TL	schwarze Pfefferkörner, grob gemahlen
3	6	Pimentkörner, grob gemahlen
30 g	90 g	Rosinen
2 EL	6 EL	Mandelblättchen
1 EL	2 EL	getrocknete Kräuter (Oregano, Thymian, Rosmarin)
1 EL	3 EL	Tomatenchutney (in Asienläden erhältlich)
		Meersalz
		schwarzer Pfeffer, grob gemahlen
3	6	Zitronenblätter (ersatzweise Kaffirzitronenblätter in Asienläden erhältlich)

Für den Guss:

1.2 dl	3.5 dl	Milch
1	3	Ei
		Meersalz
		schwarzer Pfeffer, grob gemahlen

Hoffentlich ist es bald vorbei.

Sie sind so gut zu mir

aus der Serie "Ein vergnüglicher Abend – Ja sehr."

Erdnussöl und Butter, etwa gleiche Mengen, zusammen erhitzen und die Zwiebel darin glasig dünsten. Alle übrigen Zutaten vom Rindfleisch bis und mit Tomatenchutney in einer Schüssel vermischen. Gedünstete Zwiebel mit der Bratflüssigkeit hinzufügen. Das Brot ausdrücken, hinzufügen und alles gut vermischen. Mit Salz und Pfeffer abschmecken.
Alles in eine eingeölte Gratinform geben und glattstreichen. Zitronenblätter ganz dünn aufrollen und in die Mischung stecken. Etwa 30 Minuten im auf 180°C vorgeheizten Ofen garen.
Für den Guss Ei und Milch miteinander verquirlen und über das Fleisch giessen. In den Ofen zurück stellen und backen, bis die Eier gestockt sind.

Marokko

Msir
Eingelegte Salz-Zitronen

4 Personen	12 Personen	
1	3	eingelegte Zitrone

Da sich der Aufwand für die Herstellung dieser Menge eingelegter Zitronen nicht lohnt, hier das Rezept für einen kleinen Vorrat. Die eingelegten Zitronen sind kühl und luftdicht verschlossen gelagert mehrere Monate haltbar. Falls sich ein weisslicher Belag bildet, kann dieser abgespült werden.

4	12	unbehandelte, dünnschalige Zitronen
3 EL	9 EL	grobes Meersalz
1	3	Zitrone, den ausgepressten Saft

Zitronen unter fliessendem Wasser gut abbürsten und in eine grosse Schüssel legen. Mit kaltem Wasser bedecken und vier Tage wässern. Dabei das Wasser täglich wechseln.
Danach die Zitronen abtropfen lassen. Die Schale mit einem spitzen Messer etwa 1 cm unterhalb vom Blütenansatz bis 1 cm vor dem Stilansatz der Länge nach viermal so einschneiden, wie wenn man die Zitrone vierteln würde. Die Früchte in der Mitte durchschneiden, dass sie zwar geviertelt sind, jedoch oben und unten zusammenhalten. Jede Zitrone leicht zusammendrücken, damit die Schnittflächen aufklaffen. In die entstehenden Spalten je etwa ¼ Teelöffel Salz streuen. Die Zitronen dicht in ein ausgekochtes Einmachglas schichten. Das restliche Salz und den Zitronensaft dazugeben. Soviel kochendes Wasser darüber giessen, bis die Zitronen gut bedeckt sind. Das Glas sofort schliessen und kühl stellen. Etwa 4 Wochen durchziehen lassen.

Marokko

Djej m'chermel
Poulet mit Zitrone und Oliven

4 Personen	12 Personen	
4	12	Pouletschenkel, je etwa 200 g
		Olivenöl, zum Braten
1	3	Zwiebel, fein gehackt
2	6	Knoblauchzehen, gepresst
2 TL	2 EL	scharfes Paprikapulver
1 TL	1 EL	Ingwer, fein gehackt
½ TL	1 TL	gemahlener Kreuzkümmel
½ TL	1 TL	gemahlener Kurkuma (Gelbwurz)
½ Bund	1 Bund	glatter Peterli, grob gehackt
		Meersalz
		schwarzer Pfeffer, grob gemahlen
3 dl	6 dl	Wasser
1	3	eingelegte Zitrone (Msir), Schale davon in lange schmale Streifen geschnitten
ersatzweise		
2 TL	5 TL	Zitronensalz
		einige Safranfäden, zerrieben
100 g	300 g	grüne Oliven, entsteint
1	3	Zitrone, Saft
½ Bund	1 Bund	Koriander, Blätter grob gehackt

Das Öl in einer grossen Pfanne erhitzen. Poulet, Zwiebel, Knoblauch, Paprikapulver, Ingwer, Kreuzkümmel, Kurkuma, Peterli, Meersalz und Pfeffer hinzufügen. Die Zutaten einige Minuten im Öl anbraten und mehrmals wenden. Mit Wasser bedecken und zum Kochen bringen. Die Temperatur reduzieren und das Poulet etwa 40 Minuten in der offenen Pfanne köcheln lassen, bis es fast gar ist. Von Zeit zu Zeit in der Sauce wenden.
Eingelegte Zitronenschale, Oliven, Safran und Zitronensaft hinzufügen und alles etwa 15 Minuten weitergaren, bis das Fleisch sehr weich ist. Abschmecken, Koriander und Zitronensaft dazugeben.

Libanon

Kefta
Hackfleischküchlein mit Kreuzkümmel und Zimt

4 Personen	12 Personen	
600 g	2 kg	gehacktes Lammfleisch
1	3	Zwiebel, fein gehackt
2 Stängel	4 Stängel	Pfefferminze, Blätter abgezupft und fein gehackt
1 Stängel	2 Stängel	glatter Peterli, fein gehackt
2 TL	5 TL	gemahlener Kreuzkümmel
1 TL	2 TL	gemahlener Zimt
1 TL	2 TL	gemahlener Piment
		Pfeffer, grob gemahlen
		Meersalz
		Olivenöl, zum Anbraten

Alle Zutaten in eine Schüssel geben und gründlich mit den Händen vermengen. Mit Salz und Pfeffer abschmecken. Zugedeckt für 1 Stunde kalt stellen.
Aus der Hackfleischmasse etwa 4 cm grosse runde Küchlein formen. Die Fleischküchlein in reichlich Olivenöl beidseitig gut anbraten. Heiss oder kalt servieren.

Afrika

Murghi Curry
Kokos-Mandel-Poulet

4 Personen	12 Personen	
4	12	Pouletschenkel
2	5	Knoblauchzehen, gepresst
1 TL	2 EL	Ingwer, fein geraffelt
½	2	Chilischote, fein gehackt
30 g	70 g	Kokosnussflocken
50 g	100 g	gemahlene Mandeln
1 TL	2 TL	gemahlener Cayennepfeffer
0.2 g	0.5 g	Safranfäden, in heissem Wasser eingeweicht
		Meersalz
		Butter, zum Anbraten
		Erdnussöl, zum Anbraten
2	6	Zwiebeln, fein gehackt
180 g	500 g	Joghurt
1½ EL	4 EL	Zitronensaft
½	1	Zitrone, geschält und in Scheiben geschnitten
2 EL	4 EL	Mandelsplitter

Knoblauch, Ingwer, Chili, Kokosflocken, Mandeln, Cayennepfeffer, Safran und Salz vermischen. Butter und Öl in einer Pfanne erhitzen und die Zwiebeln darin goldbraun andünsten. Gewürzmischung, Zwiebeln, Joghurt und Zitronensaft gut mischen. Die Pouletschenkel in eine Gratinform legen und die Mischung darüber giessen. Zugedeckt im Kühlschrank 30 Minuten ziehen lassen.
Die Zitronescheiben darauf legen und etwa 1 Stunde im auf 180°C vorgeheizten Ofen backen. Für die letzten 10 Minuten die Mandelsplitter überstreuen.

Maghreb

Carottes à la canelle
Rüebli mit Zimt

4 Personen	12 Personen	
8	24	Rüebli, in feine Scheiben geschnitten
		Butter, zum Andünsten
		Olivenöl, zum Andünsten
1 EL	3 EL	Rosinen, im warmen Wasser eingeweicht
1 EL	2 EL	Rohrohrzucker
¼ TL	½ TL	gemahlener Zimt
		Salz
		weisser Pfeffer, grob gemahlen

Butter und Olivenöl in gleichen Mengen erhitzen. Rüebli und die abgetropften Rosinen darin andünsten. Mit Zucker und Zimt bestreuen. Zugedeckt bei geringer Hitze 15 Minuten garen lassen. Wenn nötig etwas Wasser zufügen. Mit Salz und Pfeffer abschmecken.

Türkei

Zeytinyağlı taze fasulye
Geschmorte grüne Bohnen mit Olivenöl

4 Personen	12 Personen	
500 g	1.5 kg	grüne Bohnen, in 3 cm lange Stücke geschnitten
		Olivenöl, zum Anbraten
1	3	grosse Zwiebel, in Ringe geschnitten
½	1	rote Peperoni, gewürfelt
1 TL	3 TL	Meersalz
1 TL	3 TL	Tomatenpüree
1	3	kleine Tomate, fein gehackt
1 TL	2 TL	Zucker
2 dl	5 dl	Wasser

Das Öl in einer Pfanne erhitzen. Die Bohnen, Zwiebeln, Peperoni, Salz und das Tomatenpüree hinzufügen. Bei mittlerer Hitze etwa 7 Minuten schmoren. Tomaten, Zucker und Wasser hinzufügen und weiterkochen, bis die Bohnen weich sind.
Lauwarm oder kalt servieren.

Nichts ist so panisch wie die Sehnsucht nach dem Paradies.

aus der Serie "Wartesaal der Gelüste".

Türkei, Istanbul

Imam bayıldı
Gefüllte Auberginen „Des Imam Gaumenfreude"

4 Personen	12 Personen	
2	6	schlanke Auberginen, längs halbiert
		Meersalz
½	1	grüne Peperoni, in Ringe geschnitten
		Olivenöl, zum Anbraten

Für die Füllung:

2	6	kleine Zwiebeln, in feine Ringe geschnitten
3	6	Knoblauchzehen, gehackt
		Olivenöl, zum Anbraten
1	2	kleine Tomate, enthäutet und in dünne Scheiben geschnitten
1 TL	3 TL	Tomatenpüree
½ TL	1 TL	Meersalz
½ TL	1 TL	Zucker
2 Stängel	½ Bund	glatter Peterli, gehackt
4 EL	1 dl	Wasser

Die Auberginenhälften in der Mitte etwas aushöhlen, mit Salz einreiben und 20 Minuten stehen lassen. Mit Wasser abspülen und abtropfen lassen. In einer Bratpfanne in reichlich heissem Öl etwa 5 Minuten beidseitig anbraten. Die Auberginen in eine passende, flache Gratinform legen.

Zwiebeln und Knoblauch in Öl etwa 5 Minuten braten. Tomate und Tomatenpüree dazugeben und 3 Minuten weiterbraten. Das Wasser hinzufügen, Salz und Zucker zugeben und bei geringer Hitze 10 Minuten köcheln lassen. Den Peterli zugeben.

Die Auberginen mit der Zwiebelmischung füllen, auf jede Hälfte einen Ring Peperoni legen. Etwa 50 Minuten im auf 150°C vorgeheizten Ofen garen.

Abkühlen und lauwarm oder kalt servieren.

Maghreb

Gara bi chermoula
Zucchini mit Chermoulamarinade

4 Personen	12 Personen	
Für die Chermoulasauce:		
1	3	grosse Zwiebel, fein gewürfelt
2	6	Knoblauchzehen, gepresst
1 TL	2 TL	edelsüsses Paprikapulver
1 TL	2 TL	gemahlener Kreuzkümmel
1 TL	2 TL	gemahlener Cayennepfeffer
1 TL	2 TL	schwarzer Pfeffer, grob gemahlen
		Meersalz
1 dl	2 dl	Olivenöl
½	1	Zitrone, den ausgepressten Saft
2 EL	1 dl	Wasser
Für das Gemüse:		
1 kg	3 kg	Zucchini, längs in dünne Scheiben geschnitten
1 Bund	3 Bund	glatter Peterli, fein gehackt
3 Stängel	½ Bund	Koriander, Blätter abgezupft und fein gehackt
2 EL	4 EL	Zitronensaft

Für die Chermoula Zwiebeln, Knoblauch, Paprikapulver, Kreuzkümmel, Cayennepfeffer, Pfeffer und Salz vermengen. Öl, Zitronensaft und Wasser unterrühren. Alles gründlich vermischen.
Die Zucchini in eine Pfanne schichten und Chermoulasauce darauf verteilen. Bei mittlerer Hitze zugedeckt etwa 20 Minuten dünsten.
Die Kräuter über die Zucchini streuen und mit dem Zitronensaft beträufeln. Heiss oder lauwarm servieren.

Tunesien

Couscous bi'l chudar
Couscous mit sieben Gemüsen

4 Personen	12 Personen	
1	3	kleiner Weisskohl, geviertelt
		Eiswasser, zum Abschrecken
650 g	2 kg	Lammschulter, in 2 cm grosse Würfel geschnitten
2	6	Zwiebeln, geviertelt
4	12	kleine Rüebli, in 3 cm dicke Scheiben geschnitten
1	3	kleine rote Chilischote, in Streifen geschnitten
½ Bund	1½ Bund	Koriander, Blätter abgezupft
1 TL	2 TL	Ras el Hanout (Gewürzmischung)
30 g	60 g	Butter
		Meersalz
		weisser Pfeffer, grob gemahlen
3	9	Tomaten, geviertelt
2	6	kleine Auberginen, geschält, grob gewürfelt
3	9	kleine Zucchini, grob gewürfelt

Für den Couscous:

400 g	1.2 kg	Couscous (mittelfein)
20 g	50 g	Butter, gewürfelt
		Meersalz

Zum Servieren:

1 EL	2 EL	Harissa (scharfe arabische Gewürzpaste)
2	4	Knoblauchzehen, gepresst
1 TL	2 TL	gemahlener Kreuzkümmel
		Meersalz
1 TL	1 EL	Olivenöl

Den Weisskohl 30 Sekunden in kochendem Wasser blanchieren und mit Eiswasser abschrecken. Diesen Vorgang dreimal wiederholen. Abgiessen und dann beiseite stellen.
Fleisch, Zwiebeln, Rüebli, Chilischote, Koriander, Ras el Hanout und Butter in eine grosse Pfanne geben. Mit Salz und Pfeffer würzen. Mit Wasser gut bedecken und zum Kochen bringen. Die Hitze reduzieren und 30 Minuten bei mittlerer Hitze weiterkochen. Weisskohl, Tomaten, Auberginen und Zucchini dazugeben und nochmals etwa 30 Minuten garen.
In der Zwischenzeit den Couscous in einer flachen Schale ausbreiten und mit Flüssigkeit aus der Fleischpfanne knapp deckend übergiessen. Etwa 15 Minuten quellen lassen. Zwischendurch mit einer Gabel gut auflockern. Die Butterwürfel untermischen und mit Salz abschmecken.
Harissa mit Knoblauch, Kreuzkümmel, Salz und Olivenöl gut mischen.
Couscous, Fleisch und Gemüse auf einer Platte anrichten. Die Garflüssigkeit und die Würzmischung getrennt dazu servieren.

aus der Serie "Isst ein Mann anders, wenn er ist oder ist ein Mann anders weil er anders isst?"

Türkei

Portakal kompostosu
Orangen in duftendem Sirup

4 Personen	12 Personen	
4	12	grosse Orangen, Schale in feine Streifen geschnitten, Orangenschnitzen filetiert
		Wasser

Für den Sirup:

150 g	300 g	Zucker
1.5 dl	3 dl	Wasser
1	2	Zimtstange, 2 cm
60 g	100 g	Honig
2 EL	4 EL	Orangenblütenwasser

Die filetierten Orangenschnitze zugedeckt kühl stellen.

Die Orangenschalenstreifen in Wasser etwa 4 Minuten kochen. Herausnehmen und in kaltem Wasser abschrecken. Abtropfen lassen und beiseite stellen.

In einer Pfanne Zucker, Wasser, Zimtstange und Honig aufkochen. Die Flüssigkeit kräftig kochen lassen, bis ein dickflüssiger Sirup entsteht. Pfanne von der Kochstelle nehmen. Die Zimtstange herausnehmen. Die zurückgestellten Orangenschalenstreifen und das Orangenblütenwasser einrühren und die filetierten Orangenschnitzen mit dem Sirup übergiessen. Zugedeckt etwa 4 Stunden kühl stellen.

Wir sitzen süss und doof vor unseren leeren Tassen im Stammcafé.

Marokko

Mah allabia amardine
Aprikosencreme

4 Personen	12 Personen	
300 g	900 g	getrocknete Aprikosen, am Vortag eingeweicht
7 dl	2 l	Wasser
150 g	400 g	Rohrohrzucker
150 g	400 g	Doppelrahm
		Zucker, zum Süssen des Rahms
1 TL	2 TL	Orangenblütenwasser
½	1	unbehandelte Orange, die abgeriebene Schale
2 EL	6 EL	geröstete Pistazien, gehackt

Aprikosen mit dem Einweichwasser in eine Pfanne geben, wenn nötig, weiteres Wasser hinzufügen, damit die Früchte mit Flüssigkeit bedeckt sind. Alles zum Kochen bringen und bei mittlerer Hitze etwa 30 Minuten weiter köcheln lassen, bis die Aprikosen sehr weich sind. Die Aprikosen mit der Flüssigkeit fein pürieren.
Das Aprikosenpüree zurück in die Pfanne geben, Zucker darunter ziehen und nochmals unter gelegentlichem Rühren 3 Minuten weiter köcheln lassen, bis das Püree eindickt. In Schälchen füllen und zugedeckt kühl stellen. Zum Servieren den Rahm mit ein wenig Zucker schlagen, bis weiche Spitzen stehen bleiben. Orangenblütenwasser und Orangenschale unterrühren. Jede Portion mit einem Esslöffel Rahm garnieren, mit gehackten Pistazien bestreuen und servieren.

Türkei

Kaymaklı kayısı
Gefüllte Aprikosen

4 Personen	12 Personen	
8	24	getrocknete ganze Aprikosen, über Nacht eingeweicht
120 g	200 g	Rohrohrzucker
2 TL	1 EL	Orangenblütenwasser
120 g	300 g	Doppelrahm
1 Zweig	2 Zweige	Pfefferminze, Blätter abgezupft

Die eingeweichten Aprikosen durch ein Sieb giessen. Die Hälfte des Einweichwassers auffangen und mit dem Zucker in einer Pfanne unter ständigem Rühren zum Kochen bringen.
Einige Minuten kochen lassen, dann das Orangenblütenwasser und die Aprikosen dazugeben. Die Flüssigkeit erneut aufkochen, die Hitze reduzieren und die Aprikosen 12 Minuten köcheln lassen. Im Sirup erkalten lassen.
Aprikosen aus dem Sirup nehmen, einschneiden und mit einem Teelöffel voll Doppelrahm füllen.
Anrichten, mit etwas Sirup umgiessen und mit Pfefferminzblättern garnieren. Gekühlt servieren.

Anstatt mit dem Essen starten, muß man manchmal ewig warten.
(aus der Geduldsreihe für Geduldige)

Marokko, Basar El Tipico

Ras el Hanout-Parfait
Gewürztes Parfait mit Granatapfelsauce

4 Personen	12 Personen	
Für das Parfait:		
4	12	Eigelb
90 g	250 g	Rohrohrzucker
1.5 dl	4 dl	Milch
100 g	300 g	Meringueschalen, gemahlen
½ TL	1 TL	Ras el Hanout (Gewürzmischung), sehr fein gemahlen
3 dl	1 l	Rahm, steif geschlagen
Für die Granatapfelsauce:		
1	3	Granatapfel, Kerne herausgelöst und Saft aufgefangen (einige Kerne für die Dekoration beiseite stellen)
30 g	100 g	Rohrohrzucker
1	3	kleine Orange, den ausgepressten Saft

Für dieses Parfait eignet sich eine Ras el Hanout-Mischung, die auf der blumigen Seite ist, also mehr Rosenknospen, Lavendel und Veilchenwurz enthält.

Eigelb und Zucker in einer Schüssel kräftig verrühren, bis die Masse hell wird. Milch erhitzen und unter die Masse rühren. Bei geringer Hitze oder im Wasserbad die Masse ständig rühren, bis sie dicklich wird. Meringues und Ras el Hanout unterrühren. Den steif geschlagenen Rahm sorgfältig unter die Creme ziehen. Die Parfaitmasse in eine Frischhalteform giessen und über Nacht tiefkühlen.

Für die Granatapfelsauce Kerne und Saft zusammen mit Zucker und Orangensaft mit geringer Hitze 10 Minuten kochen lassen. Durch ein Sieb passieren und auskühlen lassen.

Parfait etwa 20 Minuten vor dem Servieren aus dem Tiefkühler nehmen und mit den beiseite gestellten Granatapfelkernen dekorieren. Mit Granatapfelsauce servieren.

Wenn der Hunger groß ist, hält Dich nichts mehr zurück.

Türkei und Griechenland

Baklava
Blätterteig-Nussgebäck

4 Personen	12 Personen	
Für den Sirup:		
150 g	300 g	Rohrohrzucker
4 EL	1.2 dl	Wasser
2 Streifen	4 Streifen	unbehandelte Zitroneschalen
½ EL	1 EL	Zitronensaft
½	1	Zimtstange (etwa 5 cm lang)
½ EL	1 EL	Orangenblütenwasser
Für die Füllung:		
50 g	100 g	geschälte Haselnüsse, grobgehackt
50 g	100 g	geschälte Mandeln, grobgehackt
25 g	50 g	geschälte Pistazien, grobgehackt
20 g	40 g	Rohrohrzucker
½ TL	1 TL	gemahlener Zimt
125 g	250 g	Butter, zerlassen
20	40	Fillo-Teigblätter
		Butter, zum Einfetten

das wissen wir schon längst.

Für den Sirup in einer Pfanne Zucker, Wasser, Zitronenschale und Zitronensaft und Zimtstange aufkochen und rühren, bis sich der Zucker aufgelöst hat. Alles etwa 10 Minuten bei geringer Hitze weiterköcheln lassen, bis der Sirup eindickt. Von der Kochstelle nehmen, Zitronenschale und Zimtstange herausnehmen und Orangenblütenwasser einrühren. Den Sirup abkühlen lassen, damit die Aromen miteinander verschmelzen.
Für die Füllung in einer Schüssel Haselnüsse, Mandeln und Pistazien mit Zucker und Zimt vermischen.
Den Boden eines Ofenblechs etwa in der Grösse der Fillo-Teigblätter mit Butter bestreichen. Für die 4-Personen-Menge die Teigblätter halbieren, damit 40 Blätter entstehen. Ein Teigblatt ins Blech legen mit der zerlassenen Butter bestreichen und dann nacheinander weitere 9 Teigblätter darauflegen und jeweils mit flüssiger Butter bestreichen. Etwa ein Drittel der Nussmischung auf der Teigblätterschicht verteilen. Weitere 10 mit Butter bestrichene Teigblätter darüber legen. Die Hälfte der verbliebenen Nussmischung darüber verteilen und nochmals mit 10 butterbestrichenen Teigblättern bedecken. Den Rest der Nussmischung darauf verteilen und mit den letzten 10 butterbestrichenen Teigblättern belegen. Für etwa 30 Minuten kühl stellen, damit die Butter fest wird. Der Teig lässt sich dann vor dem Backen leichter in Stücke schneiden. Mit einem scharfen Messer die obere Teigschicht in 3 cm breite Rhomben (Rauten) schneiden.
Baklava 30 Minuten im auf 180°C vorgeheizten Ofen backen. Dann die Temperatur auf 150°C herunterschalten und das Gebäck nochmals etwa 20 Minuten backen, bis die Oberfläche goldbraun ist.
Aus dem Ofen nehmen und sofort mit dem kalten Sirup übergiessen und abkühlen lassen. Zum Servieren in die vorgeschnittenen Stücke teilen.

Maghreb

Trockenfrüchtesalat
Orientalischer Trockenfrüchtesalat

4 Personen	12 Personen	
Für den Sirup:		
8 dl	2 l	Wasser
4 EL	1 dl	Orangenblütenwasser
120 g	360 g	Rohrohrzucker
2	4	Gewürznelken
1	2	Zimtstange, 5 cm lang
¼ TL	½ TL	Muskatnuss
2	4	kleine Limetten, den ausgepressten Saft
Für den Salat:		
80 g	240 g	Backpflaumen, entsteint
80 g	240 g	getrocknete Aprikosen
80 g	240 g	getrocknete Feigen
70 g	220 g	geschälte Mandeln
70 g	220 g	Baumnusshälften
40 g	120 g	Sesamsamen, geröstet, zum Garnieren

Das Wasser zum Kochen bringen, Orangenblütenwasser und Zucker zugeben. Auf geringe Hitze reduzieren und Gewürznelken, Zimtstange und Muskatnuss zugeben. Zu einem Sirup einkochen. Den Sirup erkalten lassen und dann den Limettensaft zugiessen und gut umrühren.
Die Trockenfrüchte in eine grosse Schüssel geben und mit dem gewürzten Sirup übergiessen. Zugedeckt einige Stunden kühl stellen. Eine Stunde vor dem Servieren Zimtstangen und Nelken entfernen und die Baumnüsse und Mandeln zufügen.
Die Früchte im Sirup servieren, kurz vorher mit gerösteten Sesamsamen bestreuen.

Marokko

Chay
Pfefferminztee

4 Personen	12 Personen	
10 g	30 g	Grüntee (Gunpowder)
4 EL	10 EL	Zucker
½ Bund	1½ Bund	Marokkanische Pfefferminze, Blätter abgezupft
1 l	3 l	Wasser, aufgekocht
4 Streifen	10 Streifen	unbehandelte Orange, die Schale

Den Grüntee in die Teekanne geben. Zucker, Pefferminzblätter und Orangenschale hinzufügen. Die Pfanne mit dem kochenden Wasser etwa 30 cm über die Teekanne halten und eingiessen. Gründlich durchrühren und den Tee etwa 10 Minuten ziehen lassen.

Das richtige Einschenken ist bei diesem Tee von grösster Wichtigkeit. Die Kanne wird hoch über die Teegläser gehalten, damit der heisse Tee beim Eingiessen mit der Luft in Berührung kommt und sein Aroma dadurch intensiver wird.

Sinnliche Begegnung

Masala Kaju
Pikante Cashewnüsse — 102

Lustvolle Annäherung

Palak Shorva
Spinatsuppe mit würzigen Kartoffel-Croutons — 103
Rasam
Tomatensuppe mit roten Linsen und Curryblätter — 104
Raita
Gurkenjoghurt mit Chili und Pfefferminze — 105
Zimt - Kassie - Zimtblüte
Die delikaten Aromen — 106
Chat
Pfirsichsalat mit geröstetem Kreuzkümmel — 108
Yera Varuval
Knusprig gebratene Crevetten — 109
Pfeffer
Nicht jede Sorte ist echt — 110
Machhli Tamatar
Gebackener Fisch in Tomatensauce — 112
Aam Chatni
Mango-Chutney — 113
Tandoori Machi
Gebackener Tandoori-Lachs — 114

Mittlerer Osten von Sri Lanka bis Tibet

Heisser Höhepunkt

Kongpo Shaptak
   Gebratenes Rindfleisch — 115
Roghan Josh
   Rotes Lammcurry — 116
Saag Gosht
   Geschmortes Lammfleisch mit Spinat — 117
Narangi Keema
   Orangen-Lammfleisch Hyderabad — 118
Khitschuri
   Reis-Linsen-Gemüse-Eintopf — 120
Bare
   Bohnenbällchen mit Ingwer und Rosinen — 121
Banarasi Dal
   Rote Linsen mit Mango und Asafötida — 122
Alu Kari
   Kartoffelcurry — 123
Pakoras
   Gemüse im Kichererbsenmehl — 124
Tsoma Ngopa
   Geschmorter Spinat mit Ingwer — 125
Mughlai Sag
   Spinatcurry — 126
Nimboo Bhat
   Zitronenreis — 127
Kogyun
   Hausbrot — 128

Süsses Finale

Katschi
   Safrancreme — 129
Malai Am
   Mangocreme — 130
Chai
   Gewürztee — 131

Indien, Gujarat

Masala Kaju
Pikante Cashewnüsse

4 Personen	12 Personen	
		Erdnussöl, zum Anrösten
250 g	750 g	möglichst grosse Cashewnüsse, ganz und nicht geröstet
½ TL	1½ TL	Meersalz
¼ TL	½ TL	Cayennepfeffer
1 TL	2 TL	Chat Masala (Gewürzmischung)
ersatzweise		
1 TL	2 TL	Mangopulver

Wenig Öl in einer Bratpfanne bei mittlerer Hitze erwärmen. Die Nüsse dazugeben und etwa 6 Minuten unter häufigem Rühren rösten, bis sie goldbraun sind. Herausnehmen und in einer Lage auf einem Backblech oder einem grossen Teller ausbreiten. Salz, Cayennepfeffer und das Chat Masala vermischen. Die noch warmen Nüsse damit bestreuen und vorsichtig durchmischen.

Die pikanten Cashewnüsse halten sich in einem luftdicht verschlossenen Gefäss bis zu 3 Wochen.

Indien, Delhi

Palak Shorva
Spinatsuppe mit würzigen Kartoffel-Croutons

4 Personen	12 Personen	
1	3	mehlig kochende Kartoffel, geschält und gewürfelt
1	3	Zwiebel, gehackt
1	3	Knoblauchzehe, gehackt
2 TL	4 TL	gemahlene Koriandersamen
8 dl	2.5 l	Gemüsebouillon
400 g	1.2 kg	tiefgekühlter Blattspinat
1 TL	3 TL	schwarzer Pfeffer, grob gemahlen
		Meersalz

Für die Kartoffel-Croutons:

		Usli Ghee (geklärte Butter) oder Erdnussöl, zum Anbraten
200 g	600 g	Kartoffeln, fein gewürfelt
1 TL	3 TL	gemahlener Kreuzkümmel
		Meersalz

Kartoffel, Zwiebel, Knoblauch, Koriander und Gemüsebouillon in eine grosse Pfanne geben. Alles bei hoher Hitze aufkochen lassen und dann zugedeckt bei niedriger Hitze etwa 30 Minuten köcheln lassen, bis das Gemüse gar ist. Den Spinat einrühren. Die Suppe etwa 2 Minuten kochen lassen. Vom Herd nehmen und fein pürieren. Mit Pfeffer und Salz abschmecken, nochmals kurz aufkochen.
Usli Ghee in einer grossen Pfanne bei mittlerer Hitze erwärmen. Die Kartoffelwürfel hineingeben und etwa 15 Minuten unter häufigem Rühren anbraten, bis sie gar und knusprig gebräunt sind. Mit Kreuzkümmel und Salz bestreuen und weitere 2 Minuten unter Rühren rösten.
Die heisse Suppe mit den Croutons bestreuen und mit dem würzigen Fett aus der Pfanne beträufeln.

Indien, Tamil Nadu

Rasam
Tomatensuppe mit roten Linsen und Curryblätter

4 Personen	12 Personen	
150 g	450 g	rote Linsen (Masoor Dal), abgespült
500 g	1.5 kg	Tomaten, gehackt
1½ EL	3 EL	Curry
1 l	3 l	Wasser
15	30	frische oder doppelt so viele getrocknete Curryblätter
		Meersalz
1 EL	3 EL	Usli Ghee (geklärte Butter) oder Erdnussöl
1 TL	2 TL	braune Senfsamen
1 TL	2 TL	gemahlener Kreuzkümmel
½	1	Limette, den ausgepressten Saft
1 TL	2 TL	pulverisiertes Asafötida (Teufelsdreck, in indischen Läden erhältlich)
ersatzweise		
1 TL	3 TL	Knoblauchzehe, gehackt

Die Linsen mit Tomaten, Curry und ¾ des Wassers in eine Pfanne geben. Alles einmal aufkochen und dann bei niedriger Hitze ohne Deckel etwa 35 Minuten köcheln lassen, bis die Linsen weich sind.
Die Pfanne vom Herd nehmen und den Inhalt fein pürieren. Die Curryblätter, das restliche Wasser hinzufügen und mit Salz abschmecken.
Das Usli Ghee in einer kleinen Pfanne erhitzen. Die Senfsamen dazugeben und einen Deckel auflegen, bis sie nach etwa 30 Sekunden nicht mehr in der Pfanne hüpfen. Kreuzkümmel und Asafötida oder Knoblauch rasch einrühren. Die Pfanne nach 5 Sekunden vom Herd nehmen, die Mischung zur Suppe geben und gründlich unterrühren. Die Suppe nochmals kurz aufkochen, den Limettensaft hinzufügen und abschmecken. In vorgewärmte Schalen füllen und sogleich servieren.

Indien

Raita
Gurkenjoghurt mit Chili und Pfefferminze

4 Personen	12 Personen	
1	3	Gurke, fein gewürfelt
		grobes Meersalz, zum Entwässern
1	3	grosse Tomate, enthäutet und in kleine Würfel geschnitten
1	2	Knoblauchzehe, fein gehackt
1 Bund	2 Bund	Pfefferminze, Blätter abgezupft und fein gehackt
180 g	360 g	Joghurt
180 g	360 g	Crème fraîche
1 TL	2 TL	Kreuzkümmel
2	5	rote Chilischoten, entkernt und fein gehackt
		Meersalz
		schwarzer Pfeffer, grob gemahlen

Gurkenstücke einsalzen und etwa 30 Minuten stehen lassen. In ein Salatsieb geben und gut spülen. Abtropfen lassen und leicht auspressen. Alle Zutaten in einer Schüssel vermischen, kräftig würzen und kühl stellen.

Zimt - Kassie - Zimtblüte
Die delikaten Aromen

Zimt oder Ceylon-Canehl
Zimt ist ein immergrüner Baum aus der Familie der Lorbeergewächse. Er treibt ständig Äste und kann bis zu 200 Jahre alt werden. Die beste Qualität kommt von Sri Lanka. Der wild wachsende Baum wird bis zu 12 m hoch und besitzt grosse, ledrige, glänzende, 10-12 cm lange Blätter. Die kleinen Blüten sind gelblich weiss. Die länglichen Früchte sind dunkelrot und tragen einen Samen.
Zimt und Canehl stammen beide vom Zimtbaum. Sie sind keine Früchte, sondern die von der Aussenborke befreiten Innenrinden des Zimtbaumes. Zimt kommt gemahlen, Ceylon-Canehl nur als Stangenzimt in den Handel.
Der Ceylon-Zimtbaum wird in einer Grösse von 2.5 bis 3 Metern gehalten und immer wieder zurückgeschnitten. Die feine Rinde wird von der äusseren Borke und der Mittelrinde befreit. Dann wird die Rinde längs in Streifen geschnitten, abgelöst, aufeinander gestapelt und getrocknet. Während des Trocknungsvorganges rollen sich die Stücke beidseitig ein und dürfen jetzt nur noch eine Dicke von höchstens 1 mm haben. 6 - 10 Stücke werden als ein Bündel ineinander geschoben, gerollt und auf gleiche Länge geschnitten. Diese Rollen werden «Quills» genannt. Die Zimtrollen werden in Leinenballen eingepackt. Je dünner die Rinde, umso feiner das Aroma. Ekelle ist die Wertmasseinheit, die über die Qualität des Ceylon-Canehl Auskunft gibt. Der beste Zimt wird mit den Nummern (Ekellen) 00000 bewertet, dann sinkt die Qualität bis Ekelle 0, dann weiter über I bis Ekelle IV. Der hochwertigste Zimt wird aus den Trieben gewonnen, die in der Mitte des Baumes wachsen.
Der süsse, holzige Duft des Gewürzes bildet das Hauptaroma vieler Desserts und Backwaren. Das Gewürz schmeckt stark aromatisch, süss, angenehm, warm und kaum bitter. Zimt dient zum Würzen von Reis, Currys, Fleisch und Süssspeisen. Er ist ein wichtiger Bestandteil der Gewürzmischung Garam Masala. Diese magische Würzmischung gibt vielen indischen und orientalischen Gerichten den reichen, starken Duft.
Zimt war schon vor 2700 v. Chr. den Ärzten bekannt. Mit warmem Wasser aufgegossen, wirkt er heilsam gegen Erkältung, nervöse Spannungen und Übelkeit. Ausserdem regt der Aufguss die Verdauung an. Zimtöl heilt Magenbeschwerden und wird zum Inhalieren bei Erkältungen und Nebenhöhlenentzündung verwendet. Äusserlich angewendet soll er rheumatische Beschwerden lindern. Zimt wird bei der Herstellung von Weihrauch, Zahnpasten und Parfums benutzt. Zimtrindenöl kommt in einigen Arzneimitteln, keimtötenden Mitteln und Seifen zum Einsatz. Das Zimtblattöl wird auch in der Parfumindustrie verwendet.

Kassie, chinesischer Zimt
Kassie stammt von einem tropischen Baum der Lorbeerfamilie, der bis zu 20 m hoch wird. Er trägt spitze, glänzende Blätter und winzige, gelbe Blüten, die man nach dem Abblühen sammelt und trocknet. Die indische Bezeichnung Dalchini beruht auf dem arabischen Begriff dar-al-chini (Holz aus China), denn China war einer der frühesten und bedeutendsten Gewürzproduzenten. Kassie - auch Zimtkassia oder Chinesischer Zimt genannt - stammt jedoch aus Nordostindien und Burma. Das

Gewürz wird oft aufgrund seines Aussehens und Namens mit Zimt verwechselt. Die Rinde, aus der Kassie gewonnen wird, ist aussen dunkelbraun und rau, innen glatt und heller. Geerntet wird während des Monsuns, wenn die Rinde sich leicht abschälen lässt. Das raue Äussere wird abgekratzt und weggeworfen, dann wird die Rinde in langen Locken getrocknet. Kassie wird in China, Burma, Indonesien, Mittelamerika und Indien angebaut.
Geschmacklich ist Kassie strenger als Zimt. In der Regel ist die Kassierinde, meist nur als Pulver, in Asienläden erhältlich. Die kurzen Rindenstangen sind ebenso selten zu finden wie die Kassieblüten. Kaufe nur Blüten mit dunklem Stiel, die unversehrt und hell sind. Die Rinde muss gut duften.
Kassienrinde wird zur Behandlung von Koliken und Durchfall eingesetzt und soll Blähungen lindern. Das Öl wird in Parfüms und Kosmetika mit würzigen Duftmischungen eingesetzt. Das Holz des Baumes wird zur Möbelherstellung verwendet. In Indien wird Kassie zum Würzen von Currygerichten, Reis und Gemüse verwendet. Wegen des strengen Geschmacks sollten süsse Speisen nicht damit gewürzt werden. In China gehört Kassie zur Fünf-Gewürze-Mischung.

Zimtblüten, Kassienknospen

Die so genannten Zimtblüten oder Kassienknospen sind die unreifen, kurz nach der Blüte geernteten Früchte des chinesischen Zimts. Sie erinnern im Aussehen an Gewürznelken. Sie haben weniger Aroma als die Rinde, ihr Geruch ist allerdings sehr interessant: Mild, rein und bittersüsslich und nur ein wenig Duft nach Zimt. Damit sie ihren Duft entfalten können, müssen sie fein gemahlen werden.
Kassienblüten werden ebenfalls zum Kochen verwendet z.B. für Paan, einem mit Nüssen, Samen und Gewürzen gefüllten Betelblatt, das der Erfrischung des Atems dient. Auch in der Gewürzmischung Raz el Hanout sind sie vorhanden.

Indien

Chat
Pfirsichsalat mit geröstetem Kreuzkümmel

4 Personen	12 Personen	
4	12	mittelreife Pfirsiche, geschält und in feine Scheiben geschnitten
2 TL	4 TL	Zitronensaft
½ TL	1 TL	Kreuzkümmel
1½ TL	3 TL	Chat masala (Gewürzmischung)
		Meersalz
½	1	Zitrone, die Schale abgerieben
½ Bund	1 Bund	Pfefferminze, Blätter abgezupft
4	12	Kopfsalatblätter
100 g	250 g	Himbeeren

Fruchtfleisch der Pfirsiche mit dem Zitronensaft gründlich vermischen. Den Kreuzkümmel in einer Pfanne bei hoher Hitze unter Rühren rösten, bis er nach etwa 5 Minuten beinahe schwarz ist. Vom Herd nehmen und, sobald er etwas abgekühlt ist, leicht zerdrücken.

Das Chat masala, Salz, Zitronenschale und die Hälfte der Pfefferminze gut unter die Pfirsiche mischen. Salatblätter auf Teller auslegen und den Salat anrichten. Mit dem Kreuzkümmel, den Beeren und der restlichen Pfefferminze bestreuen. Sogleich servieren.

Indien, Kerala

Yera Varuval
Knusprig gebratene Crevetten

Das Essen kann man schon irgendwie warm halten ...

4 Personen	12 Personen	
500 g	1.5 kg	rohe geschälte Crevetten „Tail on" (mit Schwänzchen)
½	1	Limette, den ausgepressten Saft
2 TL	1½ EL	Ingwer, gerieben
1	2	Knoblauch, gehackt
1 TL	1 EL	gemahlener Kreuzkümmel
½ TL	1 TL	gemahlener Cayennepfeffer
½ TL	1 TL	gemahlener Kurkuma (Gelbwurz)
¼ TL	½ TL	gemahlene Gewürznelken
		Erdnussöl, zum Anbraten
1	2	kleine Zwiebel, in feine Scheiben geschnitten
2 EL	4 EL	frische Curryblätter

Die Crevetten in eine Schüssel geben. Limettensaft, Ingwer, Knoblauch, Kreuzkümmel, Cayennepfeffer, Kurkuma und Gewürznelken dazugeben. Alles vermischen und 30 Minuten ziehen lassen.

In einer Pfanne das Öl erhitzen. Zwiebelscheiben bei mittlerer Hitze etwa 5 Minuten unter gelegentlichem Rühren braten, bis sie leicht gebräunt sind. Die Curryblätter untermischen. Mischung in eine Schüssel umfüllen.

Weiteres Öl in die Pfanne geben und erhitzen. Die Crevetten dazugeben und etwa 3 Minuten unter häufigem Wenden anbraten, bis sie sich rosa färben und sich krümmen.

Die Crevetten anrichten und die Zwiebelmischung darüber verteilen.

Pfeffer
Nicht jede Sorte ist echt

Die Früchte der Kletterpflanze, deren Heimat in der südindischen Provinz Kerala an der Malabarküste liegt, sind eines der wertvollsten und begehrtesten Gewürze der Welt. Grüner, weisser, roter und schwarzer Pfeffer werden alle von derselben Pflanzenart gewonnen. Der Name für Pfeffer stammt ebenfalls aus Indien und leitet sich von der altindischen Sanskrit Bezeichnung „pippali" ab. Pfeffer und Langer Peffer werden in Indien seit Jahrtausenden angebaut. Dies blieb Jahrhunderte lang ein wohl gehütetes Geheimnis der arabischen Händler, die durch ihr Handelsmonopol reich wurden. Pfeffer war der eigentliche Grund, weshalb Amerika entdeckt wurde. Denn Kolumbus machte sich auf die Reise nach dem Pfefferland Indien und entdeckte dabei Amerika!

Die Schärfe des Pfefferkorns kommt von den Piperidinen, die darin enthalten sind. Für ein intensives Aroma wird Pfeffer erst kurz vor dem Gebrauch grob gemahlen.

Die echten Sorten

Schwarzer Pfeffer Wird aus noch nicht ganz reifen Früchten gewonnen. Diese werden langsam getrocknet und fermentiert, wobei die aromatische Fruchthülle einschrumpft und die charakteristische braune bis schwarze Farbe annimmt.

Weisser Pfeffer Wird aus voll ausgereiften, roten Früchten gewonnen, bei denen durch Einweichen die aromatische Fruchthülle entfernt wird. Man erhält den weissen, harten Stein der Frucht. Weisser Pfeffer hat weniger Aroma, aber eine reinere Schärfe als schwarzer Pfeffer.

Grüner Pfeffer Wird unreif und grün geerntet. Durch Einlegen in Salzlake wird die Fermentation, die zur charakteristischen Braunfärbung führen würde, verhindert. Der Pfeffer wird salzig oder sauer konserviert. Grüner Pfeffer bleibt weich und ist weniger scharf als schwarzer Pfeffer. Es werden die ganzen Früchte verwendet.

Roter Pfeffer Wird aus gereiften, roten Früchten gewonnen, die zur Vermeidung der Fermentation direkt nach der Ernte und mitsamt der süsslichen, aromatischen Fruchthülle in Lake eingelegt werden. Auch roter Pfeffer wird ganz verwendet. Er ist aber schärfer als Grüner Pfeffer. Roter Pfeffer ist ein seltenes Produkt und darf nicht mit Rosa Pfeffer verwechselt werden.

Langepfeffer oder Bengalischer Pfeffer (Piper longum) Ist ein weiterer Vertreter der Pfefferfamilie und dem Schwarzen Pfeffer in Wuchs und Geschmack sehr ähnlich, nicht aber im Aussehen der Körner. Diese sind beim Langen Pfeffer sehr klein, hart und erinnern eher an die Blütenstände von Birken und Weiden. In Europa war vor 2000 Jahren zunächst nur der Lange Pfeffer bekannt. Geschätzt wird er heute in Asien und in Arabien vor allem als Aphrodisiakum.

Kubebenpfeffer (Piper cubeba) Kubeben nennt man die Früchte eines echtes Pfeffergewächses aus Indonesien. Kubebenpfeffer war im Mittelalter ein beliebter Ersatz für den sehr teuren Schwarzen Pfeffer. Die Äbtissin Hildegard von Bingen beschreibt Kubebenpfeffer als ein den Geist und Verstand erhellendes Mittel, das ausserdem ungeziemende Begierden mässigt. Also endlich einmal ein Anaphrodisiakum unter den Gewürzen? Nichts da - die arabische Welt ist von der aphrodisierenden Wirkung des Kubebenpfeffers überzeugt. Als Gewürz ist Kubebenpfeffer heute vor allem in Gewürzmischungen gebräuchlich.

Die Sache mit dem Scharf-Würzen ist immer relativ!

---

aus der Serie "Königliche Erkenntnisse"

Echter oder unechter Pfeffer?

Die Sprachverwirrung ist beim Thema Pfeffer gross. Was englisch einfach pepper heisst, ist bei uns Pfeffer, Chili oder Paprika. Das spanische Wort pimienta dagegen meint nicht unseren Piment, sondern Schwarzen Pfeffer; pimiento meint Paprika. Unser Cayennepfeffer ist wiederum keine Pfeffer- sondern eine Paprikaart, zu der auch Chilis und Peperoni gehören.

Die Gattung der Pfeffergewächse umfasst etwa 700 tropische Arten. Von den Gewürzen sind nur Langer Pfeffer und Kubebenpfeffer echte Pfeffergewächse. Der Vollständigkeit halber sei noch erwähnt, dass auch Cayenne und Peperoni keine Pfefferarten sind, sondern wie Kartoffel und Tomate zu den Nachtschattengewächsen gehören.

Piment, Nelkenpfeffer   Die irreführende spanische Bezeichnung pimienta bezeichnet unseren schwarzen Pfeffer. Das neue Gewürz Piment heisst auf spanisch pimienta de jamaica. Piment oder Nelkenpfeffer nennt man die unreif geernteten, schnell getrockneten Früchte eines mittelgrossen Baumes aus der Familie der Myrtengewächse. Das nach Nelken und Zimt, aber auch scharf schmeckende und vielseitige Gewürz, wurde von Kolumbus auf Jamaika entdeckt und heisst darum auch Jamaikapfeffer.

Szechuanpfeffer (Zanthoxylum piperitum)   Wird auch Fagra oder Zitronenpfeffer genannt. Die zahlreichen Arten dieser Gattung kommen aus Japan, Korea und Nordchina, aber auch aus Indonesien. Der charakteristisch beissende Geschmack von Szechuanpfeffer ist typisch für viele Gerichte der bergigen südchinesischen Provinz Szechuan. Er ist jedoch auch in ganz Südostasien und in der Himalajaregion verbreitet. Szechuanpfeffer ist ebenfalls eine wichtige Zutat des chinesischen Fünf-Gewürze-MIschung, mit dem u.a. auch Szechuan-Ente gewürzt wird.

Es besteht aus: 1 EL Szechuanpfeffer, 1 EL Sternanis, ½ EL Kassie oder Zimt, 1 EL Fenchelsamen und ½ EL Gewürznelken.

Melegueta, Paradieskörner (Aframomum melegueta)   Die kastanienfarbigen Samen sind ein naher Verwandter von Kardamom und Ingwer. Die Paradieskörner haben eine feine Schärfe und ein mildes, sehr spezielles Pfefferaroma, das mit keinem anderen Gewürz zu vergleichen ist. Der Meleguetapfeffer ist nach einem Fluss benannt, der durch Teile von Mali und Niger fliesst. Melegueta oder Maniguette wächst vor allem in den tropischen Regionen Westafrikas, die auch lange Pfefferküste hiess. Er diente vor allem dazu, das Pfeffermonopol der Araber zu brechen.

Rosa Pfeffer, Brasilianischer Pfeffer (Schinus terebinthifolius)   Sieht aus wie Roter Pfeffer, ist mit diesem aber nicht verwandt. Bei uns kennt man die Beeren vor allem aus Mischungen mit Schwarzem, Weissem und Grünem Pfeffer. Rosa Pfeffer sind die Beeren eines südamerikanischen, 10-20 Meter hohen Baumes. Rosa Pfeffer ist weich, kaum scharf, dafür süsslich, leicht bitter und aromatisch. Rosa Pfeffer passt zu allen mild aromatischen Gerichten und ist ein delikates Gewürz in Kombination mit Schokolade.

Indien

Machhli Tamatar
Gebackener Fisch in Tomatensauce

4 Personen	12 Personen	
1 TL	1 EL	Bockshornkleesamen (Methi)
1 TL	1 EL	Knoblauch, zerdrückt
2 TL	4 TL	Ingwer, fein gehackt
		Usli Ghee (geklärte Butter) oder Erdnussöl, zum Andünsten
1 EL	2 EL	gemahlene Koriandersamen
2 TL	1 EL	gemahlener Kreuzkümmel
2 TL	1 EL	Chilipulver
1 TL	2 TL	gemahlener Kurkuma (Gelbwurz)
400 g	1.2 kg	Pelati-Tomaten, gehackt
2 dl	5 dl	Wasser
500 g	1.5 kg	Kabeljau- oder Seeteufelfilet
		Meersalz
		schwarzer Pfeffer, grob gemahlen
½	1	Zitrone, den ausgepressten Saft
100 g	300 g	Doppelrahm
100 g	300 g	Joghurt

Usli Ghee in einer Pfanne erhitzen und Bockshornkleesamen, Knoblauch und Ingwer 2 Minuten anbraten. Dabei ständig rühren, damit nichts anbrennt. Die übrigen Gewürze dazugeben und weitere 2 Minuten anbraten. Die Tomaten mit in die Pfanne geben und 5 Minuten schmoren. Wasser dazugiessen und zum Kochen bringen. Zugedeckt 30 Minuten köcheln lassen.
In der Zwischenzeit den Fisch mit Salz, Pfeffer und Zitronensaft gut marinieren und in eine eingefettete Gratinform legen. Mit der fertigen Sauce übergiessen. Etwa 25 Minuten im auf 200°C vorgeheizten Ofen backen, bis der Fisch an den dicksten Stellen durch ist. Rahm und Joghurt mischen und über den Fisch giessen. Weitere 5 Minuten backen.

Indien, Meghalaya und Tripura

Aam Chatni
Mango-Chutney

4 Personen	12 Personen	
1 EL	3 EL	Erdnussöl
1 TL	1 EL	Kreuzkümmelsamen
40 g	120 g	Ingwer, geschält und in feine, kurze Streifen geschnitten
1	3	grosse, mittelreife Mango, das Fruchtfleisch in Würfel geschnitten
2	5	scharfe grüne Chilis, in feine Scheiben geschnitten
½	1	Zitrone, den ausgepressten Saft
100 g	250 g	Zucker
		Meersalz

Das Öl in einer Pfanne bei mittlerer Hitze erwärmen. Den Kreuzkümmel dazugeben und etwa 30 Sekunden rühren, bis er sich verfärbt. Ingwer, Mango, Chilis, Zitronensaft, Zucker und Salz hinzufügen. Alles gründlich vermischen und bei niedriger Hitze unter gelegentlichem Rühren etwa 15 Minuten garen, bis die Fruchtstücke glasig schimmern. Das Chutney heiss, lauwarm oder gekühlt servieren.
Im Kühlschrank hält es sich zugedeckt bis zu 5 Tage.

Indien, Maharashtra

Tandoori Machi
Gebackener Tandoori-Lachs

4 Personen	12 Personen	
600 g	1.8 kg	Lachsfilet, ohne Haut
½	1	Zitrone, den ausgepressten Saft
2	4	Knoblauchzehen, fein gehackt
2 TL	4 TL	Ingwer, fein gehackt
1 TL	2 TL	Garam Masala Gewürzmischung
1 TL	2 TL	Ajowan (Thymiansamen)
1 TL	2 TL	Chilipulver
		Meersalz
100 g	200 g	Crème fraîche
		Usli Ghee (geklärte Butter) oder Erdnussöl, zum Bestreichen

Die Fischfilets in eine Gratinform legen. In einer Schüssel den Zitronensaft mit Knoblauch, Ingwer, Garam Masala, Ajowan, Cayennepfeffer und Salz verrühren. Die Filets von beiden Seiten mit der Mischung einreiben und dann mit Crème fraîche überziehen. Zugedeckt 30 Minuten im Kühlschrank ziehen lassen.
Dann den Fisch mit flüssigem Usli Ghee beträufeln und etwa 20 Minuten im auf 180°C vorgeheizten Ofen backen. Heiss servieren.

Tibet, Kongpo

Kongpo Shaptak
Gebratenes Rindfleisch

4 Personen	12 Personen	
500 g	1.5 kg	Rindfleisch, in dünne Scheiben geschnitten
		Erdnussöl, zum Anbraten
1	2	grosse Zwiebel, gehackt
3	6	Knoblauchzehen, gehackt
1 EL	3 EL	Ingwer, gehackt
½ TL	1 TL	Szechuanpfeffer, grob gemahlen
2	5	Tomaten, gehackt
2 EL	5 EL	Blauschimmelkäse (Roquefort oder Gorgonzola), zerbröckelt
2	5	Chilischoten, entkernt und in Streifen geschnitten

Das Öl stark erhitzen, gehackte Zwiebel, Knoblauch, Ingwer und Szechuanpfeffer anbraten. Das Rindfleisch dazugeben und unter ständigem Rühren durchbraten. Tomaten und Käse zugeben und warten, bis der Käse geschmolzen ist. Chilis und etwas Wasser einrühren und einige Minuten kochen lassen.

Männlicher Hunger sieht anders aus und ist dem Hirn ein Feind.

Indien, Kashmir

Roghan Josh

4 Personen	12 Personen	
750 g	2.2 kg	Lammschulter oder Gigot, in 2 cm grosse Würfel geschnitten
2 EL	5 EL	Ingwer, fein gehackt
4	8	Knoblauchzehen
		Usli Ghee (geklärte Butter) oder Erdnussöl, zum Anbraten
8	15	grüne Kardamomkapseln, aufgedrückt
6	10	Gewürznelken
3	8	Lorbeerblätter
8	16	schwarze Pfefferkörner
2	4	Zimtrindenstücke (etwa 5 cm)
6	12	Zwiebeln, gehackt
4 TL	3 EL	scharfes Paprikapulver
½ TL	1 TL	Chilipulver
2 TL	2 EL	gemahlener Koriander
2 TL	2 EL	gemahlener Kreuzkümmel
1 EL	2 EL	getrocknete Bockshornkleeblätter
		Meersalz
180 g	360 g	Joghurt
1 TL	1 EL	Garam Masala (Gewürzmischung)

Den Ingwer und Knoblauch mit etwas Wasser pürieren. In einer Pfanne Usli Ghee erhitzen. Fleischstücke hinzufügen und unter häufigem Wenden 5 Minuten anbraten, bis sie gebräunt sind. Aus der Pfanne nehmen und beiseite stellen. Kardamom, Nelken, Lorbeerblätter, Pfefferkörner und Zimt in die Pfanne geben und kurz rösten. Zwiebeln dazugeben und bei mittlerer Hitze dunkelbraun anbraten. Ingwer-Knoblauch-Püree hinzufügen und etwa 1 Minute braten, dabei ständig rühren. Paprika, Chilipulver, Koriander, Kreuzkümmel, Bockshornkleeblätter und Salz dazugeben und etwa 1 Minute mitbraten. Die Fleischwürfel wieder in die Pfanne geben und alles gut mischen. Joghurt unterrühren und erwärmen. Etwas Wasser dazugeben und alles bei mittlerer Hitze zum Kochen bringen. Dann das Fleisch zugedeckt bei geringer Hitze etwa 50 Minuten garen. Gelegentlich umrühren, damit das Fleisch nicht anbrennt. Kurz vor dem Servieren Garam Masala darüber streuen.

Indien

Saag Gosht
Geschmortes Lammfleisch mit Spinat

4 Personen	12 Personen	
750 g	2.2 kg	Lammschulter oder Gigot, in 2 cm grosse Würfel geschnitten
		Usli Ghee (geklärte Butter) oder Erdnussöl, zum Anbraten
3	6	Zwiebeln, fein gehackt
125 g	400 g	Joghurt
1 EL	2 EL	Ingwer, gerieben
1 EL	2 EL	Knoblauchzehe, gehackt
2 EL	5 EL	gemahlener Koriander
1 EL	2 EL	Paprikapulver
½ TL	1 TL	Cayennepfeffer
200 g	500 g	Pelati-Tomaten, gehackt
4 dl	8 dl	Wasser
		Meersalz
200 g	500 g	tiefgekühlter Spinat, fein gehackt
2	4	grüne Chilischoten, gehackt
2 TL	1½ EL	Garam Masala (Gewürzmischung)
½ Bund	1 Bund	Koriander, Blätter abgezupft und fein gehackt

In einer Pfanne Usli Ghee erhitzen. Fleischstücke hinzufügen und unter häufigem Wenden 5 Minuten anbraten, bis sie gebräunt sind. Aus der Pfanne nehmen und beiseite stellen.
Die Zwiebeln mit etwas Öl in die Pfanne geben und bei mittlerer Hitze 15 Minuten anbraten, bis sie gut gebräunt sind. Joghurt, Ingwer, Knoblauch, Koriander, Paprikapulver und Cayennepfeffer einrühren und etwa 3 Minuten kochen lassen. Wenn die Flüssigkeit beinahe völlig verdampft ist, das Fleisch wieder in die Pfanne geben. Tomaten, Wasser und Salz hinzufügen. Alles einmal aufkochen und dann bei niedriger Hitze unter Rühren zugedeckt gut 1 Stunde köcheln lassen, bis das Fleisch zart ist. Den Spinat untermischen und kurz mitgaren. Mit Chilis, Garam masala und Koriander abschmecken, nochmals kurz aufkochen und sofort servieren.

Indien, Andhra Pradesh

Narangi Keema
Orangen-Lammfleisch Hyderabad

4 Personen	12 Personen	
Für die Orangenschalenmischung:		
1	3	unbehandelte Orange, die äusserste Schale in 2 cm lange, feine Streifen geschnitten
1 TL	3 TL	gemahlener Kurkuma (Gelbwurz)
1 TL	3 TL	Meersalz
5 dl	1 l	Wasser
Für das Lammfleisch:		
		Usli Ghee (geklärte Butter) oder Erdnussöl, zum Anbraten
2	6	Zwiebeln, halbiert und in feine Scheiben geschnitten
2 TL	2 EL	gemahlener Kreuzkümmel
1 EL	2 EL	gemahlener Koriander
2 EL	4 EL	Ingwer, fein gehackt
4	10	Knoblauchzehen, zerdrückt
4 EL	180 g	Naturjoghurt
800 g	2.4 kg	gehacktes Lammfleisch
½ TL	1 TL	gemahlener Kurkuma (Gelbwurz)
½ TL	1 TL	gemahlener Cayennepfeffer
3	6	Orangen, den ausgepressten Saft
		Meersalz
Zum Servieren:		
2	5	scharfe grüne Chilischoten, in sehr feine Ringe geschnitten
2 EL	5 EL	frischer Koriander, Blätter abgezupft und grob gehackt
2 EL	5 EL	frische Pfefferminze, Blätter abgezupft und fein gehackt
1 TL	1 EL	Garam Masala

Umwerfende ersetzen die Frage nach Ihrer Sozialkompetenz durch sinnfreie Sätze, die sogar den stärksten Mann umhauen.

Für die Orangenschalenmischung Kurkuma und Salz mischen. Das Wasser zum Kochen bringen und die Mischung einrühren. Die Hälfte des Kurkumawassers in eine Schüssel füllen und beiseite stellen. Die Orangenstreifen in die restliche kochende Flüssigkeit geben und 1 Minute lang kräftig aufkochen. Dann den Inhalt der Pfanne durch ein feinmaschiges Sieb abgiessen. Das beiseite gestellte Kurkumawasser in eine Pfanne geben und zum Kochen bringen. Die Orangenstreifen aus dem Sieb hinzufügen und eine weitere Minute kräftig kochen lassen. Noch einmal den Inhalt der Pfanne durch das Sieb abgiessen. Unter kaltem fliessendem Wasser abspülen und beiseite stellen. Usli Ghee in einer Pfanne erhitzen und die Zwiebeln hinein geben. Unter Rühren anbraten, bis sie sich braun färben. Kreuzkümmel und Koriander hinzufügen und kurz unterrühren. Ingwer und Knoblauch hinzufügen und unter Rühren 1 Minute anbraten.

Den Joghurt esslöffelweise unterrühren. Darauf achten, dass er sich mit dem Inhalt der Pfanne verbunden hat, bevor der nächste Löffel hinzugefügt wird. Hackfleisch, Kurkuma und Cayennepfeffer dazugeben und unter Rühren anbraten. Dabei alle Klümpchen mit dem Kochlöffel zerdrücken.

Orangensaft, Orangenstreifen und Salz unterrühren und zum Kochen bringen. Den Deckel auflegen und bei geringer Hitze 40 Minuten köcheln lassen.

Chiliringe, Koriander, Pfefferminze und Garam Masala einrühren. Den Deckel erneut auflegen und weitere 10 Minuten garen.

Indien, Maharashtra

Khitschuri
Reis-Linsen-Gemüse-Eintopf

4 Personen	12 Personen	
4 EL	10 EL	Usli Ghee (geklärte Butter) oder Erdnussöl
2	6	Zwiebeln, gehackt
1	3	Chili, fein gehackt
3	6	Lorbeerblätter
1 TL	1 EL	gemahlener Kurkuma (Gelbwurz)
1 TL	1 EL	gemahlener Kreuzkümmel
1½ TL	1 EL	edelsüsses Paprikapulver
½ TL	1 TL	Chilipulver
200 g	600 g	Basmatireis
200 g	600 g	rote Linsen (Masoor Dal)
1	3	festkochende Kartoffel, in grosse Würfel geschnitten
1	3	kleiner Blumenkohl, in Röschen geschnitten
2	6	Tomaten, gewürfelt
100 g	300 g	tiefgekühlte Erbsen
1½ l	4 l	Wasser
		Meersalz
1 TL	1 EL	Garam Masala

In einer Pfanne Usli Ghee oder Erdnussöl erhitzen, Zwiebeln darin bei mittlerer Hitze unter Rühren dunkelbraun anbraten. Chili, Lorbeerblätter, Kurkuma, Kreuzkümmel, Paprika und Chilipulver hinzufügen und bei mittlerer Hitze etwa 2 Minuten anbraten.
Reis, Linsen, Kartoffeln, Blumenkohl, Tomaten und Erbsen dazugeben und alles gut verrühren. Wasser und Salz dazugeben, aufkochen und das Gericht zugedeckt bei schwacher Hitze etwa 25 Minuten köcheln lassen, bis alles gar ist.
Garam Masala darüber streuen und servieren.

Indien, Punjab

Bare
Bohnenbällchen mit Ingwer und Rosinen

4 Personen	12 Personen	
150 g	400 g	Urbohnen (Urid Dal), über Nacht eingelegt und gründlich abgespült
5 EL	2 dl	Wasser
40 g	100 g	Baumnusskerne, fein gehackt
40 g	100 g	Rosinen
1 EL	2 EL	Ingwer, fein gehackt
1	3	scharfe grüne Chilis, in feine Scheiben geschnitten
		Meersalz
½ TL	1 TL	gemahlener Kreuzkümmel
		Erdnussöl, zum Frittieren

Die eingelegten Bohnen zusammen mit dem Wasser fein pürieren. Das Püree in eine Schüssel geben. Baumnusskerne, Rosinen, Ingwer, Chilis, Salz und Kreuzkümmel darunter mischen.
In einer Friteuse oder einer grossen Pfanne das Öl auf 190°C erhitzen. Mit einem Teelöffel einige Bällchen vom Teig abstechen und vorsichtig ins Öl gleiten lassen. Etwa 3 Minuten ausbacken, bis sie ringsum gebräunt sind, dabei häufig wenden. Mit einem Schaumlöffel herausnehmen, auf Küchenpapier abtropfen lassen. Heiss oder lauwarm servieren.

Indien, Uttar Pradesh

Banarasi Dal
Rote Linsen mit Mango und Asafötida

4 Personen	12 Personen	
350 g	1 kg	rote Linsen (Masoor Dal), abgespült
½ TL	1 TL	gemahlener Kurkuma (Gelbwurz)
1	3	unreife Mango, entsteint und in Scheiben geschnitten
ersatzweise		
2 TL	4 TL	Mangopulver (Amchoor)
1 l	2 l	Wasser
		Meersalz
		Usli Ghee (geklärte Butter) oder Erdnussöl, zum Anbraten
1 TL	2 TL	Kreuzkümmelsamen
½ TL	1 TL	gemahlener Cayennepfeffer
¼ TL	½ TL	pulverisiertes Asafötida (Teufelsdreck, in indischen Läden erhältlich)
ersatzweise		
1	3	Knoblauchzehe, gehackt
3 Stängel	½ Bund	Koriander, Blätter abgezupft und sehr fein gehackt

Die Linsen mit Kurkuma, Mango, sowie dem Wasser in eine Pfanne geben. Alles aufkochen und ohne Deckel etwa 25 Minuten köcheln lassen, gelegentlich umrühren. Von der Kochstelle nehmen, wenn die Linsen weich sind. Erst jetzt salzen.
Das Usli Ghee in einer Pfanne bei mittlerer Hitze erwärmen. Die Kreuzkümmelsamen etwa 30 Sekunden braten, bis sie ganz dunkel sind. Cayennepfeffer, Asafötida und Korianderblätter einrühren. Den Pfanneninhalt über die Linsen geben. Das Dal gründlich durchmischen, abschmecken und in kleinen Schalen servieren.

Indien

Alu Kari
Kartoffelcurry

4 Personen	12 Personen	
500 g	1.5 kg	Kartoffeln, gekocht, geschält und gewürfelt
		Usli Ghee (geklärte Butter) oder Erdnussöl, zum Anbraten
1	3	Knoblauchzehe, fein gehackt
1 EL	3 EL	Ingwer, fein gehackt
1	2	Chilischote, fein gehackt
½ TL	1 TL	gemahlener Kurkuma (Gelbwurz)
100 g	300 g	Joghurt
		Meersalz
		schwarzer Pfeffer, grob gemahlen
2 EL	4 EL	frischer Koriander, gehackt

Usli Ghee in einer Pfanne erhitzen. Knoblauch, Ingwer, Chili und Kurkuma dazugeben und etwa 2 Minuten anbraten. Joghurt esslöffelweise zugeben und zwischendurch gut vermischen. Kartoffeln untermengen und mit Salz und Pfeffer abschmecken. Pfanne zudecken und etwa 5 Minuten köcheln lassen. Mit Koriander garnieren und servieren.

Indien, Uttar Pradesh

Pakoras
Gemüse im Kichererbsenmehl

4 Personen	12 Personen	
250 g	750 g	Kichererbsenmehl
3 dl	9 dl	Wasser
1 TL	2 TL	gemahlener Kreuzkümmel
½ TL	1 TL	Chilipulver
½ TL	1 TL	gemahlener Koriander
1 TL	2 TL	edelsüsses Paprikapulver
½ TL	1 TL	Ajowan (Thymiansamen)
½ TL	1 TL	Zwiebelsamen
		Meersalz
500 g	1.5 kg	Zwiebeln, Kartoffeln oder Auberginen, in feine Scheiben geschnitten
		Erdnussöl, zum Frittieren

Kichererbsenmehl in eine Schüssel geben und alle Gewürze und Salz daruntermischen. Wasser langsam dazugiessen und die Masse mit einem Schwingbesen schlagen, bis ein glatter, dickflüssiger Teig entsteht. Diesen Teig in einen tiefen Teller geben.
Öl in einer Pfanne stark erhitzen, bis ein Teigtropfen sofort zischend an die Oberfläche steigt, Hitze reduzieren. Zwiebelringe, Kartoffeln oder Auberginenscheiben in den Teig tauchen und portionsweise mit einem Schaumlöffel in das heisse Fett geben. Die Pakoras jeweils etwa 3 Minuten von beiden Seiten frittieren, bis sie goldbraun und knusprig sind, herausnehmen und auf Küchenpapier abtropfen lassen.

Stossen Sie an in jeder Beziehung

Tibet

Tsoma Ngopa
Geschmorter Spinat mit Ingwer

4 Personen	12 Personen	
		Erdnussöl, zum Anbraten
2	5	Knoblauchzehen, gehackt
1	2	Zwiebel, gehackt
1 EL	3 EL	Ingwer, gehackt
400 g	1.2 kg	tiefgekühlter Blattspinat
1 EL	3 EL	Sojasauce
1 TL	2 TL	Zucker
		Meersalz

Öl in einer Pfanne erhitzen. Knoblauch, Zwiebel und Ingwer darin anbraten. Spinat zugeben und 3 Minuten unter ständigem Rühren garen. Sojasauce, Zucker und Wasser dazugeben und weitere 2 Minuten garen. Mit Salz abschmecken.

Indien, Uttar Pradesh

Mughlai Sag
Spinatcurry

4 Personen	12 Personen	
600 g	1.8 kg	tiefgekühlter Blattspinat
		Usli Ghee (geklärte Butter) oder Erdnussöl, zum Anbraten
2	6	Zwiebeln, in dünne Ringe geschnitten
1 EL	3 EL	Ingwer, fein gehackt
2	6	Knoblauchzehen, gepresst
½ TL	1 TL	Chilipulver
1 TL	2 TL	gemahlener Kreuzkümmel
1 TL	2 TL	gemahlener Kurkuma (Gelbwurz)
1 TL	1 EL	gemahlener Koriander
		Meersalz
1 dl	2.5 dl	Rahm

Usli Ghee in einer Pfanne erhitzen, Zwiebeln darin andünsten, Ingwer und Knoblauch dazugeben und etwa 1 Minute anbraten. Chilipulver, Kreuzkümmel, Kurkuma und Koriander hinzufügen und bei grosser Hitze etwa 1 Minute rösten. Spinat in die Pfanne geben. Reichlich salzen. Das Gericht bei mittlerer Hitze zugedeckt etwa 15 Minuten köcheln lassen. Zum Schluss vorsichtig den Rahm unterrühren.

Indien

Nimboo Bhat
Zitronenreis

4 Personen	12 Personen	
		Erdnussöl, zum Anbraten
1 EL	3 EL	gelbe Senfkörner
3	9	Curryblätter
1 TL	3 TL	gemahlener Kurkuma (Gelbwurz)
400 g	1.2 kg	Basmatireis
8 dl	2.4 l	Wasser
1	3	unbehandelte Zitrone, die Schale abgerieben
		Meersalz

Öl in einer Pfanne erhitzen, Senfkörner, Curryblätter und Kurkuma darin 1 Minute anbraten. Reis hinzufügen und kurz mitbraten. Wasser, Zitronenschale und Salz dazugeben, aufkochen und anschliessend 15 Minuten zugedeckt bei geringer Hitze köcheln lassen. Kurz vor Ende der Kochzeit abdecken und ausdämpfen lassen.

Wer will sich gerne sinnfrei streiten?
(aus der "Liebe-geht-durch-den-Magen-Serie")

Tibet

Kogyun
Hausbrot

4 Personen	12 Personen	
500 g	1.5 kg	Mehl
15 g	40 g	Hefe
3 EL	6 EL	Zucker
2 dl	6 dl	Wasser

Aus allen Zutaten einen Teig herstellen und gut durchkneten. 40 Minuten an einem warmen Ort aufgehen lassen.
Jetzt den Teig in 8 beziehungsweise 24 gleiche Teile schneiden und in der Hand zu dünnen Fladen formen.
Bratpfanne ohne Fett erhitzen und das Brot jeweils für 1 Minute von beiden Seiten ausbacken.
Kommt der Teig beim Eindrücken wieder hoch, ist er gar, bleibt eine Mulde, muss er noch etwas länger ausgebacken werden.

Persien

Katschi
Safrancreme

4 Personen	12 Personen	
75 g	200 g	Butter
100 g	300 g	Mehl
4 dl	1 l	Wasser
100 g	300 g	Zucker
½ TL	1 TL	Safran
½ TL	1 TL	gemahlener Kardamom
4 EL	1.5 dl	Rosenwasser
		Pistazien, zum Garnieren

Butter in einer Pfanne bei mittlerer Hitze zerlassen. Mehl unter ständigem Rühren nach und nach dazugeben und etwa 15 Minuten bräunen. Wasser dazugiessen, den Zucker gründlich unterrühren und die Masse aufkochen lassen.
In einer Pfanne etwas Wasser zum Kochen bringen. Safran und Kardamom darin vermischen, Rosenwasser hinzufügen und unter die Mehlmasse rühren. Bei schwacher Hitze einige Minuten köcheln lassen, bis die Masse eine cremige Konsistenz hat.
Die Creme in eine Schüssel geben, mit Pistazien garnieren und servieren.

Ich werde wahnsinnig! Das bist Du schon. Mit was wird hier gekocht? Haben Sie Ihre Mitte gefunden? Ich fürchte mich davor.

Indien, Gujarat

Malai Am
Mangocreme

4 Personen	12 Personen	
1	3	Mango, Fruchtfleisch püriert
2 dl	6 dl	Rahm, steif geschlagen
2 TL	2 EL	Zucker

Mango mit dem Rahm und dem Zucker vorsichtig verrühren. Die Creme in Schälchen verteilen und kühl stellen.

Indien und Tibet

Chai
Gewürztee

131

4 Personen	12 Personen	
1 l	3 l	kaltes Wasser
5	10	Kardamomkapseln, die Samen
1 TL	1 EL	Ingwer, gepresst
2 EL	6 EL	Schwarztee
2 dl	6 dl	Milch
1 EL	3 EL	Zucker

Kardamomsamen und Ingwer im Wasser aufkochen. Das Wasser etwas abkühlen lassen, den Tee dazugeben und etwa 4 Minuten ziehen lassen. Schwarztee, Ingwer und Kardamom absieben, Milch und Zucker dazugeben und noch einmal aufkochen.

Sinnliche Begegnung

Prik gap gleua
Der Früchtescharfmacher - Chili mit Salz — 134

Nam pla prik
Scharfe Fischsauce — 135

Po pia taud
Vegetarische Frühlingsrollen — 136

Bangh phoug tom
Krabbenbrot mit Rindfleisch und Erdnüssen — 137

Gung thom kem sai ooy
Gegarte Crevetten am Zuckerrohr — 138

Pilus
Süsskartoffelbällchen — 139

Lustvolle Annäherung

Lumpia
Indonesische Frühlingsrollen mit Pouletfleisch — 140

Gai pandan
Mariniertes Poulet im Pandanblatt — 141

Naing kuk
Kalte scharfe Gurkensuppe — 142

Thom kha gai
Kokos-Pouletfleisch-Suppe — 143

Tom yam goong
Scharf-saure Crevettensuppe — 144

Selada nanas
Ananas-Gurkensalat — 145

Soop naw mai
Bambussprossen-Salat — 146

Yam med mamuang
Salat mit Cashewnüssen und Kräutern — 147

Yam bpet yang
Enten-Litschi-Salat — 148

Fernost – Südostasien von Korea bis Bali

Heisser Höhepunkt

Hoi ma-laeng poo ob
   Geschmorte Miesmuscheln mit Zitronengras   149
Ikan semur Java
   Fisch in scharfer Kokosnusssauce   150
Pad pla kapong kunchai
   Pfannengerührter Red Snapper mit Stangensellerie   151
Gaeng kua sapparod
   Rotes Ananas-Curry mit Crevetten   152
Gal pad med ma-muang himapan
   Pouletfleisch mit Cashew-Nüssen   153
Gaeng phed ped
   Geröstete Ente mit Fünf-Gewürzmischung   154
Nua pad prik
   Chili-Rindfleisch   155
Saté Bali
   Grillierte Pouletspiesse mit Erdnusssauce   156
Panaeng nuea
   Pfannengerührtes Rindfleisch-Curry   158
Gaeng hang lay
   Chiang Mai-Curry   159
Pat prik pak thom
   Pfannengerührtes Gemüse mit Austernsauce   160
Pad pak ruam mit
   Pfannengerührtes Gemüse mit Kokosnussmilch   161
Khao suay – Nasi putih
   Gedämpfter Duftreis   162

Süsses Finale

Buah buah amandel
   Duftender Mandelpudding   163
Karamelisierte Ananas
   mit Limetten-Honigsauce   164
Khan um kluk
   Kokosnuss-Omeletten   165

Thailand

Prik gap gleua
Der Früchtescharfmacher - Chili mit Salz

4 Personen	12 Personen	
8	24	Vogelaugenchilis (prik khee noo)
ersatzweise		
1 TL	1 EL	Chilipulver, geröstet
2 EL	5 EL	grobes Meersalz
3 EL	6 EL	weisser Zucker

Chilis mit Salz zerreiben, ersatzweise Chilipulver mit Salz mischen. Zucker unterrühren. Diese Würzmischung wird als Beilage zu frischen oder eingelegten Früchten serviert.

Thailand

Nam pla prik
Scharfe Fischsauce

4 Personen	12 Personen	
1 dl	2 dl	Fischsauce (nam pla)
10	20	Vogelaugenchilis (prik khee noo), in feine Ringe geschnitten
2	4	Knoblauchzehen, gepresst

Alle Zutaten mischen. Die Sauce ist kühl gelagert einige Wochen haltbar.
Zu allen Gerichten zum feurigen Nachwürzen geeignet.

aus "Apéros zum Warm werden"

Vietnam

Po pia taud
Vegetarische Frühlingsrollen

4 Personen	12 Personen	
		Erdnussöl, zum Anbraten
2	5	Knoblauchzehen, fein gehackt
250 g	750 g	Rüebli, grob geraffelt
4 Stängel	12 Stängel	Stangensellerie, grob geraffelt
10 g	30 g	getrocknete Mu Err Pilze, 15 Minuten im warmen Wasser eingeweicht
2 EL	5 EL	Fischsauce (nam pla)
1 EL	2 EL	Palmzucker
		weisser Pfeffer, gemahlen
200 g	600 g	Sojabohnensprossen
20	60	Frühlingsrollen-Teigblätter (in Asienläden tiefgekühlt erhältlich)
1	3	Ei, verquirlt

Erdnussöl im Wok erhitzen und den Knoblauch darin kurz anbraten. Rüebli und Stangensellerie hinzufügen und unter häufigem Wenden etwa 4 Minuten braten. Pilze, Fischsauce, Zucker und Pfeffer hinzufügen und 3 Minuten weiterbraten. Wenn sich viel Flüssigkeit bildet, Hitze erhöhen und kräftig wenden, damit nichts anbrennt. Das Gemüse sollte noch etwas knackig sein. Kurz vor Schluss die Sojabohnensprossen darunter mischen und die Füllung erkalten lassen.
Auf die untere Ecke der Teigblätter je 1 Esslöffel der Füllung setzen. Füllung eine Umdrehung satt einrollen, die Seitenecken einschlagen und weiter aufrollen. Die Spitze mit etwas Ei bestreichen und ankleben.
Die Frühlingsrollen können so vorbereitet gut ungebacken tiefgekühlt werden. Zum Backen die Teigrollen auf ein mit Backtrennpapier ausgelegtes Blech legen und mit Erdnussöl bestreichen. Etwa 10 Minuten (tiefgefroren 20 Minuten) im auf 200°C vorgeheizten Ofen backen, bis sie goldbraun sind. Heiss oder lauwarm servieren.

Vietnam

Bangh phoug tom
Krabbenbrot mit Rindfleisch und Erdnüssen

4 Personen	12 Personen	
100 g	300 g	Rinderhuft, in 2 mm feine Scheiben geschnitten
2 TL	2 EL	Sesamöl
1 EL	2 EL	Fischsauce (nam pla)
1 TL	2 TL	Maisstärke
		Meersalz
		schwarzer Pfeffer, grob gemahlen
1	2	Knoblauchzehen, gepresst
1 TL	2 TL	Zitronengras, den unteren Drittel verwenden, fein gehackt
4 Stück	8 Stück	essbare Reispapierblätter
		Erdnussöl, zum Anbraten
12 Stück	48 Stück	fertige Krupuk (frittierte Crevetten-Chips)
1½ EL	4 EL	geröstete Erdnüsse, fein gehackt
½ Bund	1 Bund	asiatische Frühlingszwiebeln, fein gehackt

Sesamöl, Fischsauce, Maisstärke, Salz, Pfeffer, Knoblauch und Zitronengras mischen und das Fleisch damit marinieren. Etwa 2 Stunden kühl stellen und ziehen lassen.
Die Reispapierblätter zum Aufweichen in heisses Wasser legen. Herausnehmen, auf Haushaltspapier auslegen und abtrocknen. Die Reispapierblätter in 5 cm grosse Quadrate zuschneiden. Erdnussöl stark erhitzen und die Fleischscheiben kurz anbraten, bis sie aussen knusprig und innen noch rosa sind.
Krupuk auf eine Platte auslegen. Zuerst das Reispapier und dann eine Scheibe Rinderhuft darauf legen. Mit Erdnüssen und Frühlingszwiebeln garnieren. Sofort servieren.

Thailand

Gung thom kem sai ooy
Gegarte Crevetten am Zuckerrohr

4 Personen	12 Personen	
2	6	Zuckerrohrstangen, etwa 15 cm lang
300 g	900 g	gekochte geschälte Crevetten
50 g	150 g	Bambussprossen
50 g	150 g	ungeräuchter Speck
1 EL	2 EL	Palmzucker
1 TL	2 TL	Meersalz
1 TL	2 TL	Sesamöl
1 EL	2 EL	helle Sojasauce
		Erdnussöl, zum Bepinseln

An den Zuckerrohrstangen die äussere harte Aussenschicht wegschneiden. Längs in vier Teile aufschneiden.
Alle anderen Zutaten, ausser dem Öl, zu einer feinen Masse pürieren. Die Masse um die Zuckerrohrstücke wickeln und gut anpressen.
Auf ein mit Backtrennpapier ausgelegtes Blech legen und mit Öl bepinseln. Etwa 20 Minuten im auf 180°C vorgeheizten Ofen backen. Heiss servieren.

Indonesien

Pilus
Süsskartoffelbällchen

4 Personen	12 Personen	
750 g	2 kg	Süsskartoffeln, geschält und klein gewürfelt
2	6	Eier
2 EL	4 EL	Palmzucker
1 TL	2 TL	Meersalz
4 EL	10 EL	Mehl
		Erdnussöl, zum Frittieren
		scharfe Chilisauce (Sambal Oelek), zum Servieren

In einer Pfanne die Süsskartoffeln in Wasser etwa 20 Minuten kochen, bis sie weich sind. Herausnehmen und gut abtropfen lassen. Die Süsskartoffeln mit einer Gabel fein zerdrücken und die übrigen Zutaten dazumischen. Zu einer glatten Masse kneten. Der Teig sollte so trocken sein, dass er nicht an den Fingern klebt und sich gut zu kleinen Bällchen formen lässt.
Öl in einem Wok erhitzen und die Bällchen bei mittlerer Hitze goldbraun frittieren, herausnehmen und auf Haushaltspapier abtropfen lassen. Heiss oder kalt mit scharfer Chilisauce servieren.

Indonesien, Java und Bali

Lumpia
Indonesische Frühlingsrollen mit Pouletfleisch

4 Personen	12 Personen	
60 g	180 g	Glasnudeln
		Sesamöl, zum Anbraten
3	6	Knoblauchzehen, gepresst
2 EL	4 EL	frischer Ingwer, fein geraffelt
200 g	600 g	Pouletbrust, fein gewürfelt
1 Bund	3 Bund	Frühlingszwiebeln, in feine Ringe geschnitten
1	3	Rüebli, grob geraffelt
5 Stück	12 Stück	Chinakohlblätter, in feine Streifen geschnitten
100 g	300 g	Sojabohnensprossen
½ TL	1½ TL	Chilisauce (Sambal Oelek)
2 EL	1 dl	süsse Sojasauce (kecap manis)
		Meersalz
12	36	Frühlingsrollen-Teigblätter (tiefgekühlt erhältlich in Asienläden)
1	2	Ei, verquirlt
		Erdnussöl, zum Bestreichen

Glasnudeln in einer Schüssel mit kochendem Wasser überbrühen und etwa 10 Minuten einweichen. In ein Sieb abgiessen, mit kaltem Wasser abspülen und klein schneiden.
Sesamöl im Wok erhitzen und den Knoblauch und Ingwer anbraten. Das Pouletfleisch hinzufügen und bei hoher Hitze unter ständigem Rühren kurz anbraten, Frühlingszwiebeln und Rüebli dazugeben und mitbraten. Nach etwa 2 Minuten den Chinakohl beifügen. Nach weiteren 2 Minuten Glasnudeln, Sojabohnensprossen, Chilisauce und süsse Sojasauce hinzufügen und kurz unter Wenden braten. Füllung mit Salz abschmecken und abkühlen lassen.
Auf die untere Ecke der Teigblätter je 1 Esslöffel der Füllung setzen, mit einer Umdrehung satt einrollen, die Seitenecken einschlagen und weiter aufrollen. Die Spitze mit etwas Ei bestreichen und ankleben.
Die Frühlingsrollen können so vorbereitet gut ungebacken tiefgekühlt werden. Zum Backen die Teigrollen auf ein mit Backtrennpapier ausgelegtes Blech legen und mit Erdnussöl bestreichen. Etwa 10 Minuten (tiefgefroren 20 Minuten) im auf 200°C vorgeheizten Ofen backen, bis sie goldbraun sind. Heiss oder lauwarm servieren.

Thailand

Gai pandan
Mariniertes Poulet im Pandanblatt

4 Personen	12 Personen	
400 g	1.2 kg	Pouletbrust, in 3 cm grosse Würfel geschnitten
Für die vegetarische Variante:		
20	60	Champignons
Marinade:		
2	6	Knoblauchzehen, gehackt
2	6	Frühlingszwiebeln, ohne den grünen Teil
1 EL	2 EL	Ingwer, geschält
2 Stängel	4 Stängel	Zitronengras, nur unteren Drittel verwenden
2 EL	4 EL	Fischsauce (nam pla)
2 EL	4 EL	helle Sojasauce (sii iu kao)
1 TL	2 TL	Zucker
2 EL	4 EL	Chilisauce (Sambal Oelek)
2 EL	1 dl	Kokosnusscreme
		Meersalz
		schwarzer Pfeffer, grob gemahlen
20	60	Pandanblätter, zum Einwickeln
		Erdnussöl, zum Bestreichen

Für die Marinade Knoblauch, Frühlingszwiebeln, Ingwer, Zitronengras mit Fisch- und Sojasauce, Zucker, Chilisauce und Kokoscreme im Mixer glatt pürieren. Mit Salz und Pfeffer würzen.
Das Fleisch mit der Marinade gründlich vermischen und mindestens 1 Stunde im Kühlschrank ziehen lassen.
Je 1 mariniertes Fleischstück in die Mitte eines Pandanblattes setzen und wie ein Päckchen einknoten. Enden kürzen und auf ein Backblech legen. Mit Öl bepinseln und etwa 10 Minuten im auf 180°C vorgeheizten Ofen backen. Päckchen geschlossen servieren.

Korea

Naing kuk
Kalte scharfe Gurkensuppe

4 Personen	12 Personen	
2	4	kleine Gurken, geschält und in feine Scheiben geschnitten
2 EL	5 EL	helle Sojasauce (sii iu kao)
1½ EL	4 EL	weisser Essig
¼ Bund	½ Bund	asiatische Frühlingszwiebeln, feingehackt
1 TL	2 TL	Zucker
1 TL	1 EL	scharfes Chilipulver
1 TL	1 EL	Sesamöl
8 dl	2.5 l	kalte Gemüsebouillon
2 TL	5 TL	Sesamsamen, goldbraun angeröstet

Gurken in eine Schüssel geben und Sojasauce, Essig, Frühlingszwiebeln, Zucker, Chilipulver und Sesamöl untermischen. 1 Stunde stehen lassen, dann die Gemüsebouillon darüber giessen.
Die Suppe anrichten und die Sesamsamen darüber streuen. Leicht gekühlt servieren.

Thailand

Thom kha gai
Kokos-Pouletfleisch-Suppe

4 Personen	12 Personen	
5 dl	1.5 l	Kokosnussmilch
3 EL	8 EL	Galgantwurzel (kha), in grobe Stücke geschnitten
2 Stängel	5 Stängel	Zitronengras, nur unteren Drittel verwenden, aufgeschnitten
5	12	Kaffirlimettenblätter (bai ma-grood), je 2 mal eingerissen
5	12	rote Vogelaugenchilis (prik khee noo), ganz
250 g	750 g	geschnetzeltes Pouletfleisch
3 EL	1 dl	Fischsauce (nam pla)
2 EL	5 EL	Palmzucker
1 EL	3 EL	rote Currypaste

Zum Anrichten:

2	5	Limetten, den ausgepressten Saft
1 TL	1 EL	schwarze Chilisauce (nam prik pow)
4 Stängel	1 Bund	Koriander, Blätter abgezupft und grob gehackt

Kokosnussmilch mit Galgantwurzel, Zitonengras, Kaffirlimettenblätter und Chilis aufkochen und 5 Minuten köcheln lassen. Pouletfleisch, Fischsauce, Currypaste und Palmzucker dazugeben und weiterkochen bis das Fleisch gar ist.
Schwarze Chilisauce und Limettensaft in Suppenschälchen füllen, die Suppe dazugeben und mit Korianderblätter garnieren.

Thailand

Tom yam goong
Scharf-saure Crevettensuppe

4 Personen	12 Personen	
7 dl	2 l	Wasser
2	5	Knoblauchzehen, fein gehackt
5	12	Kaffirlimettenblätter (bai ma-grood), je 2 mal eingerissen
3 EL	8 EL	Galgantwurzel (kha), in grobe Stücke geschnitten
3 EL	1 dl	Fischsauce (nam pla)
2 Stängel	5 Stängel	Zitronengras, nur unteren Drittel verwenden, aufgeschnitten
2	6	asiatische Frühlingszwiebeln, in Ringe geschnitten
100 g	300 g	Strohpilze (aus der Dose), abgetropft
5	12	grüne Vogelaugenchilis (prik khee noo)
300 g	750 g	rohe geschälte Crevetten „Tail on" (mit Schwänzchen)
Zum Anrichten:		
1 TL	1 EL	schwarze Chilisauce (nam prik pow)
2	5	Limetten, den ausgepressten Saft
4 Stängel	1 Bund	frischer Koriander, Blätter abgezupft und grob geschnitten

Das Wasser in einer grossen Pfanne aufkochen. Alle Zutaten ohne die Crevetten beifügen und etwa 3 Minuten köcheln lassen. Die Crevetten dazugeben und die Suppe zum Kochen bringen. Wenn die Crevetten gar sind, schwarze Chilisauce und Limettensaft in Suppenschälchen füllen, die Suppe anrichten und mit Koriander garnieren.

Indonesien, Java

Selada nanas
Ananas-Gurkensalat

145

4 Personen	12 Personen	
1	3	kleine reife Ananas, halbiert, Strunk entfernt und Fruchtfleisch gewürfelt
1	3	Gurke, geschält, Kernen entfernt und fein gewürfelt
½ Bund	1 Bund	asiatische Frühlingszwiebeln, fein gehackt
2	5	frische rote Chilis, Kernen entfernt und fein gehackt

Für die Salatsauce:

1 TL	2 TL	Knoblauch, gepresst
1 TL	2 TL	Ingwer, fein gehackt
4 EL	1.5 dl	helle Sojasauce (sii iu kao)
1 EL	3 EL	weisser Essig
1 EL	2 EL	Palmzucker
1 EL	2 EL	Fischsauce (nam pla)
2 EL	5 EL	geröstete Erdnüsse, fein gehackt

Die beiden Ananasschalen beiseite legen.
In einer Tasse Knoblauch, Ingwer, Sojasauce, Essig, Palmzucker und Fischsauce mischen, bis der Zucker aufgelöst ist. Ananas, Gurke, Frühlingszwiebeln und Chilis in einer Schüssel mischen. Die Salatsauce darüber giessen und den Salat gut mischen. Auf die Ananashälften verteilen, mit den Erdnüssen garnieren und gekühlt servieren.

Thailand, Norden

Soop naw mai
Bambussprossen-Salat

4 Personen	12 Personen	
400 g	1.2 kg	Bambussprossen, in dünne Scheiben geschnitten
4	10	Lorbeerblätter
1 TL	2 TL	Crevettenpaste
2 EL	4 EL	Fischsauce (nam pla)
1	3	Limetten, den ausgepressten Saft
2 EL	4 EL	gerösteter Sesam
1 TL	1 EL	Chilis (prik chee noo pon), gemahlen
2	5	asiatische Frühlingszwiebeln, gehackt
4 Stängel	1 Bund	Pfefferminze, Blätter abgezupft und gehackt
4 Stängel	1 Bund	Koriander, Blätter abgezupft und gehackt

Bambussprossen und Lorbeerblätter in kochendes Wasser geben und 10 Minuten kochen, abgiessen. Die Lorbeerblätter entfernen und die Bambussprossen abtropfen lassen. Bambussprossen, Crevettenpaste, Fischsauce, Limettensaft, gerösteter Sesam und Chilis in einer grossen Pfanne erhitzen, bis die Flüssigkeit beinahe kocht. Die Hälfte der Frühlingszwiebeln, Pfefferminze- und Korianderblätter hinzufügen, erkalten lassen.
Den Salat anrichten und mit den verbliebenen Frühlingszwiebeln, Pfefferminze und Korianderblättern garnieren.

Thailand

Yam med mamuang
Salat mit Cashewnüssen und Kräutern

4 Personen	12 Personen	
250 g	750 g	ganze Cashewnüsse
		Erdnussöl, zum Anbraten
3	6	Frühlingszwiebeln mit der Hälfte des Grüns, in feine Scheiben geschnitten
1 Stängel	2 Stängel	Zitronengras, nur das zarte Mittelstück, fein gehackt
1 EL	2 EL	chinesischer Sellerie, Blätter grob gehackt
2 Zweige	4 Zweige	Pfefferminze, Blätter abgezupft und gehackt
1	2	roter langer Thai-Chili (prik chee fa), entkernt und in feine Ringe geschnitten
1	2	Limette, den ausgepressten Saft
2 TL	4 TL	Fischsauce (nam pla)
½ TL	1 TL	Palmzucker
1 Bund	2 Bund	Koriander, Blätter abgezupft

Das Erdnussöl im Wok erhitzen. Cashewnüsse zufügen und etwa 5 Minuten unter häufigem Wenden goldbraun braten. Herausnehmen und in eine Schüssel geben. Frühlingszwiebeln, Zitronengras, Sellerieblätter, Pfefferminze und Chili zufügen. Alles gut vermischen.
In einer Schüssel Limettensaft, Fischsauce und Palmzucker gut verrühren, bis der Zucker sich aufgelöst hat. Die Salatsauce über den Salat giessen und nochmals mischen. Auf einer Platte anrichten und mit Korianderblätter garnieren.

Thailand

Yam bpet yang
Enten-Litschi-Salat

4 Personen	12 Personen	
200 g	600 g	Entenbrustfilets
2 EL	5 EL	süsse Sojasauce (kecap manis)
1 EL	3 EL	helle Sojasauce (sii iu kao)
½ TL	1½ TL	Fünf-Gewürze-Pulver
12	36	Litschis, geschält und entsteint
3	9	Frühlingszwiebeln, in feine Ringe geschnitten
1 EL	3 EL	Ingwer, fein gehackt
1	2	Knoblauchzehe, fein gehackt
2 EL	5 EL	geröstete Erdnüsse
4 Stängel	1 Bund	frischer Koriander, Blätter abgezupft
¼ TL	1 TL	Sesamsamen

Für die Salatsauce:

1 EL	2 EL	Palmzucker
1 EL	3 EL	schwarzer, chinesischer Essig
3 EL	1 dl	helle Sojasauce (sii iu kao)
2 EL	4 EL	Fleischsauce, von der Ente

Süsse und helle Sojasauce und Fünf-Gewürze-Pulver verrühren und die Entenbrustfilets etwa 30 Minuten damit marinieren. Das Entenfleisch in einer Bratpfanne auf der Fettseite bei mittlerer Hitze 6 Minuten anbraten. Fleischstücke umdrehen und auf der anderen Seite weitere 4 Minuten braten. Die Filets abkühlen lassen und in feine Tranchen aufschneiden. Den Fleischsaft für die Salatsauce auffangen.
Alle Zutaten der Salatsauce gut mischen bis sich der Palmzucker aufgelöst hat. Entenfleisch, Litschis, Frühlingszwiebeln, Ingwer, Knoblauch und Erdnüsse in einer Schüssel mischen. Salatsauce darüber giessen und den Koriander darunter mischen. Salat anrichten, mit Sesam bestreuen und sofort servieren.

Thailand

Hoi ma-laeng poo ob
Geschmorte Miesmuscheln mit Zitronengras

4 Personen	12 Personen	
500 g	1.5 kg	Miesmuscheln, vorgekocht in Halbschale
3 Stängel	8 Stängel	Zitronengras, unterer heller Drittel in feine Ringe geschnitten
4	10	asiatische Frühlingszwiebeln, grob gehackt
½ Bund	1 Bund	Thaibasilikum (bai horapa), Blätter abgezupft und gehackt
4	10	grüne Chilis (prik chee faa), gehackt
2 EL	4 EL	Fischsauce (nam pla)
1	2	Limette, den ausgepressten Saft

Alle Zutaten in einem Wok bei mittlerer Hitze unter häufigem Wenden etwa 8 Minuten garen.

Indonesien, Java

Ikan semur Java
Fisch in scharfer Kokosnusssauce

4 Personen	12 Personen	
600 g	1.8 kg	festfleischiger Fisch (Kabeljau oder Seeteufel), in 3 cm grosse Stücke geschnitten
1 TL	2 TL	Meersalz
2	5	Limetten, den ausgepressten Saft
		Erdnussöl, zum Anbraten
1	2	Zwiebeln, gehackt
1	2	Knoblauchzehe, gepresst
2.5 dl	6 dl	Kokosnusscreme
4 EL	1.5 dl	süsse Sojasauce (kecap manis)
½ TL	1 EL	Chilipaste (Sambal Oelek)
		Meersalz
1	2	Limette, den ausgepressten Saft

Den Fisch mit Salz bestreuen und mit Limettensaft beträufeln. Kühl stellen und 20 Minuten ruhen lassen. In einem Wok die Fischstücke in reichlich Erdnussöl bei starker Hitze portionenweise anbraten, bis sie aussen leicht gebräunt und gerade durch sind. Abtropfen lassen und beiseite stellen.
Danach das Öl bis auf die Hälfte abgiessen. Im restlichen Öl die Zwiebel und den Knoblauch dünsten, bis sie weich sind. Kokosnusscreme, Sojasauce und Chilipaste dazugeben und zum Kochen bringen. 2 Minuten köcheln lassen, dann den Fisch dazugeben und etwa 4 Minuten bei geringer Hitze ziehen lassen. Mit Salz und Limettensaft abschmecken.

Thailand, Bangkok und Zentrales Tiefland

Pad pla kapong kunchai
Pfannengerührter Red Snapper mit Stangensellerie

4 Personen	12 Personen	
		Erdnussöl, zum Anbraten
500 g	1.5 kg	Filets vom Red Snapper Fisch, in 3 cm grosse Stücke geschnitten
2 Stängel	6 Stängel	Stangensellerie, gewürfelt
4	8	Knoblauchzehen, gepresst
½ TL	1 TL	weisser Pfeffer, grob gemahlen
1	3	Frühlingszwiebeln, in 2.5 cm lange Stücke geschnitten
3 EL	1 dl	Fischsauce (nam pla)
2 Stängel	4 Stängel	Pfefferminze, Blätter abgezupft

Erdnussöl in einem Wok erhitzen. Alle Zutaten mit Ausnahme der Pfefferminze hinzufügen. Unter Rühren etwa 5 Minuten anbraten. Mit Pfefferminze garnieren und sofort servieren.

Thailand

Gaeng kua sapparod
Rotes Ananas-Curry mit Crevetten

4 Personen	12 Personen	
4 dl	8 dl	Kokosnussmilch
¼	½	Ananas (Sapparod), gewürfelt
2 EL	4 EL	rote Currypaste
3 EL	1 dl	Fischsauce (nam pla)
4 TL	2 EL	Palmzucker
1	2	Limette, den ausgepressten Saft
5	10	rote Vogelaugenchilis (prik chee noo)
250 g	750 g	rohe, geschälte Crevetten

In einer Pfanne alle Zutaten ausser den Crevetten aufkochen. Crevetten dazugeben und etwa 3 Minuten weiterkochen, bis die Crevetten gar sind.

Thailand, Bangkok und Zentrales Tiefland

Gal pad med ma-muang himapan
Pouletfleisch mit Cashew-Nüssen

4 Personen	12 Personen	
		Erdnussöl, zum Anbraten
4	10	Knoblauchzehen, gehackt
500 g	1.5 kg	geschnetzeltes Pouletfleisch
2 EL	5 EL	Fischsauce (nam pla)
3 EL	1 dl	Austernsauce
1 EL	3 EL	Palmzucker
		weisser Pfeffer, grob gemahlen
70 g	200 g	geröstete Cashewnüsse
Für die Garnitur:		
½ Bund	1 Bund	asiatische Frühlingszwiebeln, gehackt
½	1	rote Peperoni, in feine Streifen geschnitten

Öl in einem Wok erhitzen. Knoblauch und Pouletfleisch hineingeben und scharf anbraten bis das Fleisch knapp gar ist. Fischsauce, Austernsauce, Palmzucker und Pfeffer hinzufügen und gründlich unterrühren. Bei starker Hitze die Flüssigkeit etwas einkochen. Die gerösteten Cashewnüsse dazugeben. Mit gehackten Frühlingszwiebeln und Peperonistreifen garnieren.

Thailand

Gaeng phed ped
Geröstete Ente mit Fünf-Gewürzmischung

4 Personen	12 Personen	
600 g	1.8 kg	Entenbrustfleisch, in dünne Scheiben geschnitten
2 EL	6 EL	Fünf-Gewürzemischung (Mischung siehe Infoteil Pfeffer Seite 111)
2	5	Knoblauchzehen, gepresst
		Erdnussöl, zum Anbraten
2	4	grüne Vogelaugenchilis (prik chee noo), gehackt
1	2	Bambussprossen, in feine Streifen geschnitten
3 EL	6 EL	Fischsauce (nam pla)
2 TL	1 EL	Palmzucker

Das Fleisch mit Gewürzmischung und Knoblauch marinieren und 1 Stunde ziehen lassen.
Erdnussöl in einem Wok erhitzen, das Entenfleisch dazugeben und scharf anbraten, bis es Farbe angenommen hat. Bambussprossen, Chili, Fischsauce und Palmzucker dazugeben und unter häufigem Wenden braten, bis das Fleisch gar ist. Sofort servieren.

Thailand

Nua pad prik
Chili-Rindfleisch

4 Personen	12 Personen	
600 g	1.8 kg	Rindshuft, in dünne Scheiben geschnitten
1 TL	2 TL	Meersalz
½ TL	1 TL	schwarzer Pfeffer, grob gemahlen
2	5	Knoblauchzehen, gepresst
		Erdnussöl, zum Anbraten
2	4	grüne Vogelaugenchilis (prik chee noo), gehackt
1	2	rote Vogelaugenchilis (prik chee noo), gehackt
2 EL	4 EL	Fischsauce (nam pla)
2 TL	1 EL	Palmzucker
3 Stängel	½ Bund	Koriander, Blätter abgezupft und gehackt

Das Fleisch mit Salz, Pfeffer und Knoblauch marinieren und 15 Minuten ziehen lassen.
Erdnussöl in einem Wok erhitzen, die Rindfleischscheiben dazugeben und beidseitig scharf anbraten, bis sie Farbe angenommen haben. Chili, Fischsauce und Palmzucker dazugeben und unter häufigem Wenden braten, bis das Fleisch gar ist. Mit dem Koriander mischen und sofort servieren.

"Echt Geil" aus der Serie "Das Beste für jeden dabei"

Indonesien, Bali

Saté Bali
Grillierte Pouletspiesse mit Erdnusssauce

4 Personen	12 Personen	
Für die Sauce:		
100 g	300 g	Erdnussbutter
2 EL	5 EL	helle Sojasauce (sii iu kao)
1 EL	3 EL	süsse Sojasauce (kecap manis)
1 EL	2 EL	Palmzucker
2 EL	4 EL	gemahlener Koriander
½ TL	1½ TL	gemahlener Kurkuma (Gelbwurz)
2	4	Knoblauchzehen, gepresst
1 EL	2 EL	Chilisauce (Sambal Oelek)
½ TL	1 TL	Meersalz
1 dl	3 dl	Kokosnussmilch
1 EL	2 EL	Zitronensaft
Für die Spiesse:		
600 g	1.8 kg	Pouletbrust, in Längsstreifen geschnitten
1	2	Zwiebel, fein gehackt
1 EL	3 EL	Ingwer, fein gehackt
1 EL	2 EL	Palmzucker
1 TL	1 EL	rote Chilipaste (Sambal Oelek)
2 TL	2 EL	gemahlener Koriander
3 EL	1 dl	Kokosnussmilch
½ TL	1 TL	Meersalz
3 EL	1 dl	süsse Sojasauce (kecap manis)
1 EL	2 EL	dunkle Sojasauce (nam sii iu damm)

Für die Erdnusssauce alle Zutaten in eine Pfanne geben und unter ständigem Rühren zum Kochen bringen.
2 Minuten bei geringer Hitze kochen lassen. Abkühlen lassen.
Für die Spiesse das Fleisch in eine Schüssel geben. Übrige Zutaten der Marinade dazugeben, gut mischen, zugedeckt 1 Stunde ziehen lassen.
Holzspiesschen mit Öl einpinseln und das Fleisch schlangenförmig aufspiessen. Spiesschen auf dem Holzkohlegrill beidseitig etwa 3 Minuten grillieren bis das Fleisch gar ist. Die Spiesschen können auch auf einem mit Backtrennpapier ausgelegten Blech etwa 10 Minuten im auf 200°C vorgeheizten Ofen gebacken werden.
Spiesschen mit der Erdnusssauce servieren.

Thailand, Bangkok und Zentrales Tiefland

Panaeng nuea
Pfannengerührtes Rindfleisch-Curry

4 Personen	12 Personen	
2 dl	4 dl	Kokosnussmilch
3 EL	1 dl	Fischsauce (nam pla)
2 EL	7 EL	Palmzucker
2	6	Kaffirlimettenblätter (bai ma-grood), 2 mal eingerissen
		Erdnussöl, zum Anbraten
2 EL	4 EL	Panaeng Currypaste (nam prik panaeng)
500 g	1.5 kg	zartes Rindfleisch, in Streifen geschnitten
1	3	kleine grüne Peperoni, in Streifen geschnitten
1	3	kleine rote Peperoni, in Streifen geschnitten
1	3	Zwiebel, in Streifen geschnitten
3 EL	5 EL	geröstete Erdnüsse, fein gehackt
2 EL	1 dl	Kokosnusscreme
1	2	Kaffirlimettenblatt (bai ma-grood), in sehr feine Streifen geschnitten

Kokosnussmilch, Fischsauce, Palmzucker und Kaffirlimettenblätter verrühren und beiseite stellen.
In einer grossen Pfanne das Öl erhitzen und die Currypaste bei geringer Hitze 1 Minute braten. Hitze erhöhen und das Rindfleisch in der Paste anbraten, die Kokosnussmilch hinzufügen. Bei geringer Hitze kochen lassen, bis die Sauce eindickt. Peperoni, Zwiebeln und Erdnüsse dazugeben und weitere 3 Minuten kochen. Fertiges Curry mit Kokosnusscreme und Kaffirlimettenblatt-Streifen garnieren.

Thailand, Norden

Gaeng hang lay
Chiang Mai-Curry

4 Personen	12 Personen	
500 g	1.5 kg	grob geschnetzeltes Rindfleisch
4 dl	8 dl	Kokosnussmilch
2 Stängel	5 Stängel	Zitronengras, unterer heller Drittel gehackt
1 TL	2 TL	Garnelenpaste (gapi)
4	8	grüne Chilis (prik chee fa)
2 EL	5 EL	gelbe Bohnensauce (tao jeow)
4	10	Knoblauchzehen, gehackt
1 EL	2 EL	Ingwer, gehackt
3 EL	1 dl	Palmzucker
2	4	asiatische Frühlingszwiebeln, gehackt
4 EL	1 dl	Tamarindensaft (ma-kaam piag)
2 EL	4 EL	Currypulver

Kokosmilch in einer grossen Pfanne aufkochen. Rindfleisch dazugeben und 30 Minuten zugedeckt bei geringer Hitze kochen. Die übrigen Zutaten vermischen und pürieren. Zum Rindfleisch in die Pfanne geben und nochmals 10 Minuten kochen lassen.

Thailand, Bangkok und zentrales Tiefland

Pat prik pak thom
Pfannengerührtes Gemüse mit Austernsauce

4 Personen	12 Personen	
		Erdnussöl, zum Anbraten
3	6	Knoblauchzehen, gehackt
600 g	1.8 kg	Gemüse wie Spargeln, Broccoli, Zucchini, Rüebli, Peperoni und Zwiebeln in Stäbchen, Scheiben oder Streifen geschnitten
4 EL	1.5 dl	Austernsauce (nam manhoy)
2 EL	4 EL	Fischsauce (nam pla)
3	6	grüne Chilis (prik chee fa), entkernt und feingehackt
1 EL	2 EL	Palmzucker

Erdnussöl in einem Wok erhitzen und den Knoblauch kurz anbraten. Gemüse dazugeben und bei hoher Hitze weitere 3 Minuten unter häufigem Wenden anbraten. Die übrigen Zutaten dazugeben und weiter braten, bis das Gemüse gar, aber noch knackig ist.

Du verdisbst mir den Apetit.

Thailand

Pad pak ruam mit
Pfannengerührtes Gemüse mit Kokosnussmilch

4 Personen	12 Personen	
		Erdnussöl, zum Anbraten
3	6	Knoblauchzehen, gehackt
600 g	1.8 kg	Gemüse wie Spargeln, Broccoli, Zucchini, Rüebli, Peperoni und Zwiebeln in Stäbchen, Scheiben oder Streifen geschnitten
2 EL	4 EL	helle Sojasauce (sii iu kao)
2 EL	4 EL	Fischsauce (nam pla)
3	6	grüne Chilis (prik chee fa), entkernt und in Streifen geschnitten
1 EL	2 EL	Palmzucker
2 dl	5 dl	Kokosnussmilch

Erdnussöl in einem Wok erhitzen und den Knoblauch kurz anbraten. Gemüse dazugeben und bei hoher Hitze weitere 3 Minuten unter häufigem Wenden anbraten. Die übrigen Zutaten dazugeben und weiter braten, bis das Gemüse gar, aber noch knackig ist. Kokonussmilch dazugeben und nochmals kurz aufkochen.

Thailand - Indonesien

Khao suay – Nasi putih
Gedämpfter Duftreis

4 Personen	12 Personen	
300 g	900 g	Duftreis (Jasminreis)
6 dl	1.8 l	Wasser

Den Reis in einem Sieb so lange mit kaltem Wasser abspülen, bis das Wasser klar bleibt. Gut abtropfen lassen. Wasser in einer Pfanne zum Kochen bringen. Den Reis einrühren und 2 Minuten aufkochen lassen. Die Pfanne mit einem Deckel dicht verschliessen und die Wärmequelle abschalten. Den Reis etwa 15 Minuten quellen lassen, erst dann den Deckel abheben und noch einige Minuten ruhen lassen.

Indonesien, Java und Bali

Buah buah amandel
Duftender Mandelpudding

163

4 Personen	12 Personen	
3 dl	9 dl	Wasser
3 dl	9 dl	Milch
1 EL	3 EL	Agar-Agar Pulver (Geliermittel aus Meeresalgen)
150 g	400 g	Rohrohrzucker
1 TL	3 TL	Mandelessenz
½	1	Ananas, fein gewürfelt
100 g	300 g	Litschis, geschält, entsteint und gewürfelt

Das Wasser, Milch, Zucker und Agar-Agar-Pulver gut verrühren und in einer Pfanne unter ständigem Rühren bei geringer Hitze etwa 5 Minuten köcheln lassen. Die Pfanne von der Wärmequelle nehmen und abkühlen lassen. Die Mandelessenz unterrühren und die Masse in eine Puddingform oder Portionenförmchen giessen. Den Pudding zugedeckt im Kühlschrank mindestens 4 Stunden stehen lassen.
Vor dem Servieren aus der Form stürzen und mit Ananaswürfeln und Litschis garnieren.

Thailand

Karamelisierte Ananas
mit Limetten-Honigsauce

4 Personen	12 Personen	
1	3	Ananas, geschält und in feine Scheiben geschnitten
		Butter, zum Anbraten
5 EL	10 EL	milder Honig
2	5	Limetten, den ausgepressten Saft und die Schale abgerieben

Nach Belieben:

Vanilleglace oder Vanilleparfait

Die Ananas in der Bratpfanne portionenweise bei mittlerer Hitze mit Butter und Honig anbraten. Die fertigen Scheiben im Ofen warmstellen.

Den Bratensatz in der Pfanne mit dem Limettensaft und der abgeriebenen Schale auflösen. Mit etwas Honig abschmecken.

Die Ananasscheiben auf Teller anrichten und mit dem Limettensaft beträufeln. Nach Belieben mit Vanilleglace oder Vanilleparfait servieren.

Thailand

Khan um kluk
Kokosnuss-Omeletten

4 Personen	12 Personen	
3 dl	9 dl	Kokosnussmilch
50 g	150 g	Reismehl
2	6	Eier, verquirlt
60 g	150 g	Zucker
30 g	90 g	geraspelte Kokosnuss
		Salz
		Erdnussöl, zum Anbraten

Kokosnussmilch in eine Schüssel giessen. Reismehl und Eier dazugeben und gut verrühren. Den Zucker dazugeben und den Teig kräftig rühren, bis der Zucker sich aufgelöst hat. Die Hälfte der Kokosnussraspeln und etwas Salz untermischen.

In einer Bratpfanne wenig Öl erhitzen. Einen Schöpflöffel voll Teig in die Pfanne geben und eine Seite anbraten, bis unten bräunliche Flecken entstehen. Wenden und die andere Seite kurz anbraten. Die fertigen Omeletten auf einen Teller schichten und im Ofen warm halten.

Zum Servieren die Omeletten aufrollen und nebeneinander auf einer Platte anrichten. Mit den restlichen Kokosnussraspeln bestreuen, warm oder lauwarm servieren.

Sinnliche Begegnung

Sangríta
  Tomaten-Orangendrink 168
Pepitas con limón
  Geröstete Kürbiskerne mit Limettensaft 168
Nueces y pepitas picantes
  Pikante Nüsse und Kernen 169
Guacamole
  Avocadosauce 170
Salsa mexicana
  Kalte Mexikanische Tomatensauce 171
Chili
  Die feine scharfe Sache 172
Salsa endiablada
  Teufelssauce 174
Roasted Red Bell Pepper Dip
  Dip aus gerösteten roten Peperoni 175

Lustvolle Annäherung

Baked Pawpaw
  Überbackene Papaya mit Tomaten-Zwiebelfüllung 176
Sopa de melon
  Melonensuppe 177
Sopa de pasta
  Nudelsuppe 178
Ensalada de mango y pepino
  Mango-Gurken-Salat 179
Ensalada de jitomate y fruta bomba
  Tomaten-Papayasalat 179
Codornices en pétalos de rosas
  Wachteln auf Rosenblättern 180
Mejillones con salsa de mango muy picante
  Muscheln in Habanero-Mango-Salsa 181
Sorbete picante de piña
  Ananas-Chilisorbet 182

Zentralamerika, Südamerika und Karibik

Heisser Höhepunkt

Salmon en salsa verde
Lachs in Koriandersauce — 183
Pollo en cacahuate
Poulet in Erdnusssauce — 184
Chimichangas al horno
Überbackene Tortillas mit Pouletfleischfüllung — 185
Kakao
Dunkle Schokolade - die feine Versuchung — 186
Mole poblano de guajolote
Truthahn in festlicher Poblano-Mole — 188
Pernil de porco com molho de pimenta
Schweinshaxe mit Pfeffersauce — 190
Frijoles con zapallo
Weisse Bohnen-Kürbiseintopf — 191
Lentejas con piña y plátanos
Linsen mit Ananas und Kochbananen — 192
Frijoles negros con salsa roja
Schwarze Bohnen mit scharfer roter Sauce — 194
Chiles rellenos
Geschmorte Peperoni mit Ricottafüllung — 196
Congrí
Reis mit roten Bohnen — 197
Budín de elote
Maisgratin — 198
Soufflé de camotes
Süsskartoffelsoufflé mit Baumnüssen — 199

Süsses Finale

Mango Cheesecake
Mango-Quarkkuchen — 200
Key Lime Pie
Limettenkuchen mit Baiser — 201
Torta de chocolate grand cru Cuba
Schokoladentruffetarte Grand Cru Cuba — 202
Vanille
Die verführerische Schote — 203
Helado de vainilla con salsa de fruta pasión
Vanilleparfait mit Passionsfruchtsauce — 204
White Chocolate Macadamia Nut Brownies
Macadamianuss-Whities — 205
Chili Brownies
Schokoladebrownies mit Chiles Ancho — 206
Cacahuatl
Gewürzte heisse Schokolade — 207

Mexiko, Jalisco

Sangríta
Tomaten-Orangendrink

4 Personen	12 Personen	
1	2	Chile Ancho, Samen und Scheidewände entfernt
4 dl	1.2 l	Orangensaft
4 dl	1.2 l	Tomatensaft
1	2	Limette, den ausgepressten Saft
		Meersalz
4	12	sehr kleine asiatische Frühlingszwiebeln, mit dem Grün

Die Chile Ancho in heissem Wasser 20 Minuten einweichen. Abtropfen und mit Orangensaft, Tomatensaft, Limettensaft und Salz im Mixer pürieren. Falls die Mischung zu dickflüssig ist, noch etwas Limetten- oder Orangensaft hinzufügen. Kühl stellen.
Sangríta in Gläser füllen und eine Frühlingszwiebel hineinstellen.

Pepitas con limón
Geröstete Kürbiskerne mit Limettensaft

4 Personen	12 Personen	
200 g	600 g	Kürbiskerne
1	3	Limette, den ausgepressten Saft
1 TL	3 TL	Meersalz

Alle Zutaten gut vermischen. Auf einem Backblech gleichmässig verteilen und im auf 180°C vorgeheizten Backofen etwa 10 Minuten rösten. Abkühlen lassen und in kleinen Schälchen servieren.

Mexiko, Coahuila

Nueces y pepitas picantes
Pikante Nüsse und Kernen

4 Personen	12 Personen	
5	8	Knoblauchzehen, geschält
		Erdnussöl, zum Anbraten
150 g	400 g	rohe Erdnüsse, enthäutet
150 g	400 g	rohe grüne Kürbiskerne
100 g	200 g	Pecannuss-Hälften
1 TL	3 TL	Meersalz
1 TL	2 TL	Cayennepfeffer

Das Öl in einer Pfanne erhitzen und die Knoblauchzehen darin goldgelb braten. Die Nüsse und Samen einrühren, bis sie gleichmässig vom Öl überzogen sind. Die Mischung mit Salz und Cayennepfeffer würzen. Auf einem Backblech gleichmässig verteilen und im auf 135°C vorgeheizten Backofen etwa 20 Minuten rösten, dabei gelegentlich durchmischen. In eine Servierschale füllen und warm servieren.

Mexiko

Guacamole
Avocadosauce

4 Personen	12 Personen	
4	10	reife Avocados, geschält und entkernt
2	5	Limetten, den ausgepressten Saft
2	5	reife Tomaten, entkernt und fein gehackt
1	3	kleine Zwiebel, fein gehackt
2	4	Chiles Jalapeños, entkernt und fein gewürfelt
1 Bund	2 Bund	Koriander, Blätter abgezupft und fein gehackt
		Meersalz
		schwarzer Pfeffer, grob gemahlen

Die Avocados zusammen mit dem Limettensaft pürieren. Tomaten, Zwiebel und Chiles dazumischen. Koriander unterheben und mit Salz und Pfeffer würzen.

Mexiko

Salsa mexicana
Kalte Mexikanische Tomatensauce

4 Personen	12 Personen	
500 g	1.5 kg	reife Tomaten, entkernt und gewürfelt
2	4	Zwiebeln, fein gehackt
2	4	mittelscharfe Chilis, entkernt und fein gewürfelt
1	2	Limette, den ausgepressten Saft
		Meersalz
		schwarzer Pfeffer, grob gemahlen
1 Bund	2 Bund	Koriander, Blätter abgezupft und gehackt

Die Tomaten und die Zwiebeln in eine Schüssel geben und mischen. Chilis und Limettensaft dazugeben, mit Salz und Pfeffer würzen und den Koriander in die Sauce mischen.
Kalt zu Nacho Chips servieren. Sie wird für die überbackenen Tortillas, Rezept Seite 185 benötigt.

Chili
Die feine scharfe Sache

Chili ist eine Verwandte der Pfefferschote, die ursprünglich aus Mittelamerika stammt und schon vor 10'000 Jahren angebaut wurde. Heute findet man Chili auf der ganzen Welt. Entsprechend viele Arten gibt es. Sie unterscheiden sich in Grösse, Form und Geschmack sehr stark.

Was macht Chili so scharf? Es ist der Wirkstoff Capsaicin, der mit Ausnahme der Schärfe geschmacklos und farblos ist. Capsaicin ist ziemlich resistent. Weder Kälte noch Hitze können etwas ausrichten. Der Stoff ist nur in Alkohol und Fett löslich, daher ist es auch nutzlos, Wasser gegen das Brennen zu trinken. Capsaicin besitzt also nur die Eigenschaft der Schärfe. Diese Schärfe wird nicht durch die Geschmacksnerven übermittelt, sondern wirkt lediglich auf die Wärmerezeptoren. Daraus resultiert ein völlig anderes Geschmacksempfinden als beim Genuss von mit Pfeffer gewürzten Speisen. Es wird quasi eine thermische Täuschung erzeugt. Durch den häufigen Genuss von Chilis werden die Nerven desensibilisiert, was erklärt, weshalb einige Leute die Chilis besser vertragen als andere. Diese Desensibilisierung für die Schärfe hat jedoch nichts mit dem Geschmacksempfinden als solches zu tun. Es wäre völlig falsch zu behaupten, dass Menschen, die sehr scharfe Sachen essen, nichts anderes mehr schmecken würden, vielmehr werden die anderen Geschmacksnerven aktiviert, wodurch es gewissermassen zu einer Geschmacksintensivierung kommt. Das Gehirn wird beim Verzehr von Chili betrogen. Das bedeutet nichts anderes, als dass dem Gehirn ein Schmerz vorgespielt wird. Daraufhin veranlasst das Gehirn die Ausschüttung von Endorphinen, dem körpereigenen morphiumähnlichen Schmerzkiller. Da aber eigentlich keine Verwundung des Körpers vorliegt, ist nun ein Überschuss an Endorphinen vorhanden, was dazu führt, dass wir nach dem Verzehr von Chilis ein gewisses Glücksempfinden beobachten können.

Eingeteilt werden die Chilis anhand der so genannten Scoville-Einheiten. Die Einteilung reicht von 0 bis 300'000 Scoville-Einheiten. Der Wert 300'000 bedeutet, dass man eine Chilischote mit der 300'000fachen Menge Wasser verdünnen müsste, damit die Schärfe nicht mehr erkennbar wäre.

Scoville		Schärfe	Sorten
0 Scoville	0	unscharf	Peperoni
10 – 1500 Scoville	1-3	mild bis mittel	Peperoncini, scharfe ungarische Paprika, Arbol
1500 – 5000 Scoville	4-5	scharf	Jalapeño, Cascabel
5000 – 50'000 Scoville	6-8	sehr scharf	grüne Jalapeño, Serrano, Chipotle, Piquin, grosse Thaichilis
50'000 – 300'000 Scoville	9-10	extrem scharf	Habanero, Scotch Bonnet, Vogelaugenchilis

Einige frische Chili-Arten

Güero Schärfegrad 4-6. Farbe: hellgelb und grün. Grösse: 8-12 cm. Aroma: leicht süss mit scharfem Beigeschmack, von mittelscharf bis scharf. Anbau: Nordmexiko und Südwestamerika.

Habanero Schärfegrad 10. Farbe: grün, gelb bis rot und rötlich-purpur. Grösse: ungefähr 5 cm lang, laternenförmig. Aroma: süss mit tropischer Fruchtnote. Gehört zu den schärfsten Chilisorten überhaupt, eng verwandt mit Scotch Bonnet und scharfem Jamaika-Chili. Anbau: Mittelamerika und Karibik. Ideal für: Salsas, Marinaden und Chutneys.

Jalapeno   Schärfegrad 5-6. Am häufigsten verwendete Sorte. Getrocknet und geräuchert als „chipotles" bekannt. Farbe: Entweder unreif grün oder reif gelb oder rot, stets mit plumpem dickem Fruchtfleisch, sehr fett und saftig. Aroma: Je nach Farbe; grüner Jalapeno hat ein deutliches Pflanzenaroma, während er reif etwas süsser ist. Grösse: 5-8 cm lang, läuft in ein abgerundetes Ende aus. Anbau: Mexiko, Texas und Südwesten von Amerika. Ideal für: alles; Salsas, Suppen und Saucen.

Poblano   Schärfegrad 3. Farbe: grün oder rot. Grösse: 10-12 cm lang, mit dickem Fruchtfleisch. Aroma: Grüner Poblano wird vor dem Essen stets gekocht. Durchs Rösten bekommt die grüne, wie die rote Sorte, einen vollen erdigen Geschmack. Getrocknet wird er als „ancho" bezeichnet. Anbau: Mittelmexiko und Kalifornien.

Prik Chee Fa   Schärfegrad 5-8. Sehr beliebter thailändischer Chili. Prik ist die thailändische Bezeichnung für Chili. Farbe: rot. Grösse: ungefähr 10 cm. Ideal für Thailändische Gerichte.

Scotch Bonnet   Schärfegrad 9-10. Mit Habanero und dem scharfen Jamaika-Chili verwandt. Farbe: Hellgelb, grün, orangefarben oder rot. Grösse: ungefähr 2,5 cm. Aroma: äusserst fruchtig, und dennoch rauchig. Anbau: Jamaika und anderen Inseln der Karibik. Ideal für: würzige Sossen und karibische Curry-Gerichte.

Serrano   Schärfegrad 7. Farbe: grün oder rot. Grösse: etwa 5 cm, glatt, läuft in einem runden Ende aus. Aroma: beissend, verhältnismässig intensive Schärfe. Der reife rote Serrano ist etwas süsser, als der grüne. Anbau: Mexiko und Südwestamerika.

Vogelaugen-Chili   Schärfegrad 8-10. Farbe: grün oder rot. Grösse: etwa 4 cm lang, dünn, mit spitzem Ende, dünnes Fruchtfleisch mit vielen Samen. Aroma: feurig scharf. Anbau: Thailand, Asien und Kalifornien. Ideal für: unter Rühren gebratene und alle asiatischen Gerichte.

Einige getrocknete Chili-Arten

Ancho   Schärfegrad 3-5. Getrockneter Poblano-Chili. Farbe: durch das Reifen rötlich-braun mit runzeliger Haut. Nicht zu verwechseln mit Mulato, der nicht so scharf und fruchtig ist. Anbau: Mexiko und Kalifornien. Ideal für: traditionelle Mole-Sosse.

Cascabel   Schärfegrad 4-5. Wenn man ihn schüttelt, erzeugen seine Kerne das Geräusch einer Rassel. Farbe: blassgelb oder rot. Grösse: klein von runder Form. Aroma: sehr scharf, nussig. Ideal für: Salsas.

Chipotle   Schärfegrad 6. Farbe: trüb hellbraun bis kaffeebraun. Grösse: etwa 5-10 cm lang, wird oft in Dosen und Gläsern angeboten. Anbau: Südamerika und Texas.

Guajillo   Schärfegrad 2-4. Eine der am häufigsten vorkommenden getrockneten Chilisorten. Farbe: kastanienbraun. Grösse: etwa 10-15 cm lang, mit einer rauen Haut. Aroma: leicht bitterer oder tanninähnlicher Geschmack. Anbau: Nord- oder Mittelmexiko.

Mulato   Schärfegrad 3. Wie der Ancho wird er in Mexiko in drei verschiedenen Graden verkauft, die sich in Geschmack und Qualität unterscheiden. Farbe: dunkelbraun. Grösse: etwa 12 cm. Aroma: rauchiger als Ancho, die beherrschende Note ist Likör mit einem Hauch von Tabak und Kirsche. Anbau: Mittelmexiko. Ideal für: traditionelle Mole-Sauce.

Pasilla (chilaca)   Schärfegrad 4. Auch als „chile negro" bekannt. Farbe: dunkel rosinenbraun bis schwarz, glänzend und runzelig. Wird in einigen Gebieten als Pulver angeboten. Grösse: etwa 15 cm. Anbau: Mittelmexiko. Ideal für: Gerichte mit Meeresfrüchten und traditionelle Mole-Sauce.

Piquin   Schärfegrad 6-8. Ein länglicher, roter Chili, der sehr klein und äusserst scharf ist.

aus der Serie "Ein Vergnüglicher Anlaß-Ja-sehr"

Mexico, Oaxaca

Salsa endiablada
Teufelssauce

4 Personen	12 Personen	
3	9	getrocknete Chiles Anchos, entkernt
½	1	kleine Zwiebel, grob gehackt
1	2	Knoblauchzehe, grob gehackt
1.5 dl	3 dl	Wasser

Die Chiles, Zwiebeln und den Knoblauch mit Wasser in eine kleine Pfanne geben. Alles zugedeckt bei geringer Hitze etwa 30 Minuten köcheln, bis die Chiles ganz weich sind. Die Masse pürieren.
Zum Nachschärfen verschiedener Gerichte kalt servieren.

USA, Arizona

Roasted Red Bell Pepper Dip
Dip aus gerösteten roten Peperoni

4 Personen	12 Personen	
5	10	Knoblauchzehen, ungeschält
		Olivenöl, zum Bestreichen
3	6	rote Peperoni, in Streifen geschnitten
½ TL	1 TL	gemahlener Kreuzkümmel
125 g	250 g	Doppelrahmfrischkäse
2 EL	4 EL	Crème fraîche
		Meersalz
		schwarzer Pfeffer, grob gemahlen

Die Knoblauchzehen mit dem Öl beträufeln und zusammen mit den Peperoni auf ein Backblech legen. Etwa 40 Minuten im auf 180 °C vorgeheizten Ofen garen, bis der Knoblauch weich ist und die Peperoni stark gebräunte Ränder haben. Herausnehmen und abkühlen lassen. Die Knoblauchzehen aus der Schale in eine Schüssel drücken. Zusammen mit den Peperoni und Kreuzkümmel pürieren. Doppelrahmfrischkäse und Crème fraîche gut unterrühren und zu einer glatten Sauce verarbeiten. Mit Salz und Pfeffer abschmecken.

Jamaica

Baked Pawpaw
Überbackene Papaya mit Tomaten-Zwiebelfüllung

4 Personen	12 Personen	
2	6	kleine unreife Papayas, längs halbiert und entkernt
80 g	120 g	Butter
2	6	kleine Zwiebeln, fein gehackt
400 g	1 kg	Pelati-Tomaten, gehackt
		Meersalz
		schwarzer Pfeffer, grob gemahlen
2 EL	5 EL	trockenes Brot, gemahlen, ersatzweise Paniermehl
2 EL	6 EL	Parmesan, gerieben

Die Papaya in einer Pfanne in leicht gesalzenem Wasser aufkochen und zugedeckt etwa 10 Minuten bei mittlerer Hitze weich kochen. Bei reifen Früchten entfällt das Weichkochen. Die Hälfte der Butter in einer Pfanne erhitzen und die Zwiebelwürfel darin andünsten, die Tomaten hinzufügen und bei mittlerer Hitze 10 Minuten offen köcheln lassen, bis die Flüssigkeit fast vollständig verdampft ist. Mit Salz und Pfeffer abschmecken.
Die Papayahälften aus dem Wasser nehmen und die Hälfte des Fruchtfleisches mit einem Teelöffel vorsichtig aus den Schalen kratzen. Das Fruchtfleisch mit einer Gabel zerdrücken und mit der Tomaten-Zwiebel-Mischung vermengen. Die Masse in die Papayahälften füllen. Paniermehl, Parmesan und die restlichen Butterflocken darauf verteilen. Etwa 20 Minuten im auf 180°C vorgeheizten Backofen backen, bis die Oberfläche schön braun geworden ist.
Heiss oder lauwarm servieren.

Mexico

Sopa de melon
Kalte Melonensuppe

4 Personen	12 Personen	
2	6	Charentais- oder Zuckermelonen, halbiert und entkernt
1 EL	2 EL	Honig
1	2	Zitrone, den ausgepressten Saft
1	2	Orange, den ausgepressten Saft
2 El	1 dl	Portwein
1 Zweig	3 Zweige	Pfefferminze, schöne Blätter abgezupft

Das Melonenfruchtfleisch aus der Schale lösen und darauf achten, dass die Schale dabei nicht beschädigt wird. Die Schalenhälften beiseite legen.
Das Melonenfleisch mit Honig, Zitronensaft, Orangensaft und Portwein fein pürieren. Kühl stellen.
Vor dem Servieren in die Melonenschalen füllen. Mit einem Pfefferminzblatt garnieren.

Mexico

Sopa de pasta
Nudelsuppe

4 Personen	12 Personen	
2	6	kleine Tomaten
¼	1	kleine Zwiebel
1	3	Knoblauchzehe
3 EL	1 dl	Wasser
		Erdnussöl, zum Anrösten
100 g	300 g	Fadennudeln
8 dl	2.5 l	Gemüsebouillon
		Meersalz
		Chiles serranos, zum Garnieren

Tomaten, Zwiebel und Knoblauch zusammen mit dem Wasser pürieren und durch ein Sieb streichen.
Das Öl in einer hohen Pfanne erhitzen. Die ungekochten Nudeln darin unter Rühren rösten, bis sie braun werden. Die Tomatenmasse hinzufügen und unter Rühren 3 Minuten köcheln lassen. Die Bouillon dazugeben und alles aufkochen. Die Nudeln zugedeckt bei mittlerer Temperatur garen, bis sie weich sind. Mit Salz abschmecken und mit den Chilis garnieren.

Mexico, Veracruz

Ensalada de mango y pepino
Mango-Gurken-Salat

4 Personen	12 Personen	
2	6	Mangos, geschält und in grosse Würfel geschnitten
1	3	Orange, geschält und in grosse Würfel geschnitten
1	3	Gurke, geschält und in grosse Würfel geschnitten
1	2	Limette, den ausgepressten Saft
2	4	Chiles Serranos, Samen entfernt und fein gehackt
		Meersalz

Alle Zutaten gut mischen und vor dem Servieren 15 Minuten kühl stellen.

Ensalada de jitomate y fruta bomba
Tomaten-Papayasalat

4 Personen	12 Personen	
600 g	1.8 kg	Tomaten, entkernt und gewürfelt
1	3	grosse, reife Papaya geschält, entkernt und gewürfelt
2	4	Limetten, den ausgepressten Saft
1	3	mittelscharfer Chili, fein gehackt
½	1	Knoblauchzehe, gepresst
2 EL	1 dl	Olivenöl
½ Bund	1 Bund	Koriander, Blätter abgezupft und fein gehackt
		Meersalz

Tomaten und Papaya in eine Schüssel geben. Limettensaft, Chilischoten und Knoblauch mit dem Olivenöl und dem Koriander verrühren. Die Sauce mit Meersalz abschmecken und über den Salat giessen.

Mexico

Codornices en pétalos de rosas
Wachteln auf Rosenblättern

4 Personen	12 Personen	
30 g	100 g	tiefgekühlte geschälte Kastanien
4	12	Wachteln
		Bratbutter, zum Anbraten
		Meersalz
		schwarzer Pfeffer, gemahlen
1 TL	1 EL	Anis
10 g	20 g	getrocknete Rosenblütenblätter (pétalos de rosas)
1	3	Knoblauchzehe, fein gehackt
1	2	Pitafrucht, Fruchtfleisch zerkleinert
1 EL	2 EL	Honig
		Maisstärke
		Rosenwasser

Für die Garnitur:

2	4	rote Rosen, die Blätter abgezupft

Das berühmte Gericht aus dem Film „como agua para chocolate" von uns kochbar umgesetzt.

Die Kastanien in ½ Liter Wasser eine halbe Stunde weich kochen. Anschliessend mit etwas Wasser pürieren. Bratbutter in einer Bratpfanne erhitzen, Wachteln darin anbraten, bis sie nach 10 Minuten auf allen Seiten goldbraun sind. Mit Salz und Pfeffer würzen. Die Wachteln mit der Brust nach unten in eine Gratinform geben und 20 Minuten im auf 170°C vorgeheizten Ofen backen.

Den Anis mit den getrockneten Rosenblütenblättern im Mörser zerreiben. Den Knoblauch in der übrig gebliebenen Butter bei geringer Hitze anbraten. Vorsicht: Er darf nicht braun werden, sonst wird die Sauce bitter! Das Kastanienpüree, die zerkleinerte Pita, den Honig, sowie das Anis-Rosen-Gemisch zugeben, salzen und etwas köcheln lassen. Sauce durch ein Sieb streichen und nach Bedarf mit Maisstärke binden. Mit reichlich Rosenwasser abschmecken und warm halten.

Die Wachteln, diesmal mit der Brust nach oben, auf einer Platte anrichten, mit den frischen Blütenblättern dekorieren. Wachtel mit der Sauce übergiessen und sofort servieren.

Karibik

Mejillones con salsa de mango muy picante
Muscheln in Habanero-Mango-Salsa

4 Personen	12 Personen	
Für die Salsa:		
1	3	kleine reife Mango, geschält, entkernt und fein gehackt
3	9	Frühlingszwiebeln, fein gehackt
2	6	Chiles Habanero, entkernt und fein gehackt
½	1	kleine Gurke, entkernt und fein gewürfelt
2	6	Tomaten, entkernt und fein gewürfelt
1 TL	2 TL	Rohrohrzucker
3 Stängel	½ Bund	Kerbel, gehackt
Für die Muscheln:		
12	36	vorgekochte Miesmuscheln in der Halbschale
		Butter, zum Anbraten
		Olivenöl, zum Anbraten

Alle Salsazutaten in eine Schüssel geben, mischen und zugedeckt 15 Minuten im Kühlschrank ziehen lassen. Butter und Öl in einer Bratpfanne erhitzen. Muschelhälften mit dem Muschelfleisch nach unten hineingeben und 3 Minuten garen. Danach abtropfen lassen. Kalte Salsa in die warmen Muschelhälften füllen und sofort servieren.

Mexiko

Sorbete picante de piña
Ananas-Chilisorbet

4 Personen	12 Personen	
2.5 dl	5 dl	Wasser
100 g	200 g	Rohrohrzucker
1	2	rote scharfe Chili, entkernt und gehackt
2 Stängel	3 Stängel	Pfefferminze, Blätter abgezupft
1	3	kleine Ananas, geschält und gewürfelt
1	3	Limette, den ausgepressten Saft und die abgeriebene Schale

Wasser, Zucker und Chiliringe zusammen aufkochen und etwa 5 Minuten bei geringer Hitze weiter köcheln lassen. Die Pfefferminzblätter dazugeben und zugedeckt abkühlen lassen, danach absieben. Die Ananas zusammen mit dem Saft und der Schale der Limette pürieren. Mit dem Zuckersirup mischen und in einer Glacemaschine gefrieren.

Hier vergisst man Zeit und Raum.

Mexico

Salmon en salsa verde
Lachs in Koriandersauce

4 Personen	12 Personen	
700 g	2.1 kg	Lachsfilet mit Haut, Gräten entfernt
4	10	Frühlingszwiebeln, fein gehackt
6	15	Limetten, den ausgepressten Saft
2 EL	5 EL	Erdnussöl
1 Bund	2 Bund	Koriander, Blätter abgezupft und grob gehackt
2	5	Chiles Jalapeños, entkernt und fein gehackt
		Erdnussöl, zum Einölen der Gratinform

In einer Schüssel Frühlingszwiebeln, Limettensaft, Öl, Koriander und Chilis gut durchmischen. Den Fisch trocken tupfen. Die Hälfte der Lachsfilets mit der Hautseite nach unten in eine eingeölte Gratinform legen und mit der Hälfe der Sauce bedecken. Die zweite Hälfte der Filets mit der Hautseite nach oben so darauf legen, dass die dicke Seite auf der dünnen liegt und umgekehrt. Den Fisch 30 Minuten im auf 180°C vorgeheizten Backofen garen. Vor dem Servieren die obere Haut entfernen, das doppelte Lachsfilet quer in Portionen schneiden und anrichten. Garsaft darüber giessen.

Mexico, Distrito Federal

Pollo en cacahuate
Poulet in Erdnusssauce

4 Personen	12 Personen	
1	3	Poulet (etwa 1.5 kg), in Portionen zerlegt
		Erdnussöl, zum Anbraten
5 dl	1 l	Gemüsebouillon
1	2	Zwiebel, grob gehackt
1	2	Knoblauchzehe, gehackt
1 TL	2 TL	gemahlener Zimt
2	6	Pimentkörner, grob gemahlen
400 g	800 g	Pelati-Tomaten, gehackt
100 g	200 g	Erdnussbutter
1 dl	2 dl	trockener Sherry
		Meersalz

Das Öl in einer Pfanne erhitzen und die Pouletstücke goldbraun anbraten. Die Bouillon dazu geben und etwa 30 Minuten garen, bis das Fleisch weich ist.
In einer Bratpfanne Öl erhitzen, Zwiebel, Knoblauch, Zimt und Piment darin gut anbraten. Alles in eine Schüssel füllen, Tomaten, Erdnussbutter und die Bouillon hinzufügen. Pürieren, bis eine glatte Sauce entsteht, danach den Sherry darunter rühren. Das Poulet in der Pfanne mit der Sauce übergiessen. Den Deckel auflegen und alles bei geringer Hitze köcheln lassen, bis die Sauce leicht eindickt. Mit Salz abschmecken.

USA, Arizona

Chimichangas al horno
Überbackene Tortillas mit Pouletfleischfüllung

4 Personen	12 Personen	
400 g	1.2 kg	Pouletbrust, fein gewürfelt
300 g	900 g	Zucchini, in feine Scheiben geschnitten
		Erdnussöl, zum Anbraten
2 EL	5 EL	Weissweinessig
1	2	Knoblauchzehe, gepresst
3 EL	6 EL	Chiles Poblanos aus der Dose, klein gehackt
1 TL	2 TL	getrockneter Oregano
1 TL	2 TL	gemahlener Kreuzkümmel
		Meersalz
8	24	Weizen-Tortillas
100 g	300 g	kalte mexikanische Tomatensauce (siehe Rezept auf Seite 171)
Für die Käsesauce:		
3 dl	9 dl	Crème fraîche
50 g	150 g	Queso anejo, frisch gerieben, ersatzweise Parmesan
		Butter, für die Gratinform

Öl in einer Bratpfanne erhitzen und das Pouletfleisch und die Zucchini etwa 5 Minuten anbraten, bis sie knusprig braun sind. Essig, Knoblauch, Chiles, Oregano und Kreuzkümmel dazugeben und mit Salz würzen. Alles zugedeckt bei geringer Hitze etwa 10 Minuten köcheln lassen.

Crème fraîche mit dem Käse in einer Schüssel verrühren. Jede Tortilla mit 1 Esslöffel der Tomatensauce bestreichen und 3 Esslöffel Fleischfüllung darauf verteilen. Die Tortillas einmal zusammenklappen. Die Chimichangas in die eingefettete Gratinform versetzt einschichten. Mit der Käsesauce überziehen. Im vorgeheizten Backofen bei 220°C etwa 20 Minuten überbacken.

In der Form servieren.

Das Leben wärs doch jammerschade ohne Schokolade

Kakao
Dunkle Schokolade – die feine Versuchung

Der Kakaobaum wächst in den heissesten Zonen der Erde, braucht jedoch viel Schatten. Die Schattenspender heissen in der Fachsprache «Kakaomütter». Das Holz des Kakaobaums ist schwach, weshalb die Früchte nur am Stamm oder in der Nähe von Vergabelungen der Hauptäste wachsen. Zur Erleichterung der Ernte werden die Bäume durch Schnitt auf 2-4 m hoch gehalten. Der Kakaobaum ist das ganze Jahr über belaubt. Er trägt gleichzeitig Knospen, Blüten und Früchte. Aus den etwa 20 bekannten Gattungen haben vor allem 2 Arten als Grundsorten besondere Bedeutung erlangt. Der Criollo-Kakao wird vor allem in Venezuela und Ecuador angebaut und der Forastero-Kakao in Westafrika.

Die Früchte werden mit langen, oft an Stangen befestigten Messern vorsichtig abgeschnitten, damit unreife Früchte oder Blüten nicht beschädigt werden. Um die Kakaobohnen vor dem Verderb zu schützen, wird die Frucht in zwei Teile zerlegt. Die Kerne werden samt dem Fruchtmus entnommen und einem Gärungsprozess, dem Fermentieren unterworfen. Die Fermentation ist der entscheidende Prozess für den Gewinn von hochwertigem Kakao. Die Bohnen werden zu Haufen aufgeschüttet, in Körbe gefüllt oder in grosse Kästen gelegt. Danach werden sie, mit Zweigen oder Bananenblättern abgeschirmt, je nach Sorte 2-6 Tage liegen gelassen. Dabei werden die Haufen mehrmals umgeschichtet, um eine regelmässige Fermentation zu gewährleisten. Während der Gärung wird das Fruchtmus abgebaut und verflüssigt sich schliesslich. Die dabei entstehende Wärme von etwa 50°C zerstört die Keimfähigkeit der Kakaosamen und die Intensität des bitteren Geschmacks lässt nach. In einem zweiten Schritt werden die Bohnen auf dem sonnenüberfluteten Boden ausgebreitet und langsam getrocknet. Danach ist die Bohne verfärbt und das Aroma ausgeprägter.

Unter den verschiedenen Kakaosorten unterscheidet man drei Grundformen:

Criollo   Die älteste, aber auch die anspruchsvollste und seltenste Sorte, bringt geringe Erträge hervor, aber einen ausserordentlich delikaten Kakao.

Forastero   Stammt aus dem oberen Amazonasgebiet und wird heute in Afrika, besonders an der Elfenbeinküste, angebaut. Er hat sich wegen seiner hohen Erträge und seiner Robustheit weltweit durchgesetzt; der Geschmack ist herb.

Trinitario   Ist aus einer Kreuzung der beiden anderen hervorgegangen. Er wird in Südamerika, in Indonesien und Sri Lanka angebaut und besitzt die Kraft des Forastero und den delikaten Geschmack des Criollo. Als Hybride konnte er eine breit gefächerte Palette von Geschmacksnuancen und Aromen entwickeln.

Vom Rohkakao zur Schokolade

Die Weiterverarbeitung des Kakaos beginnt mit dem Rösten. Bei genau eingehaltener Temperatur entfaltet sich in den Bohnen der Kakaogeschmack. Anschliessend werden die gerösteten Kerne von Schalenteilchen getrennt und in Mühlen und Walzwerken immer weiter zermahlen. Bei der Zerkleinerung wird das Zellgewebe der vorgebrochenen Kakaokerne aufgerissen und die in den Zellen enthaltene Kakaobutter freigesetzt. Durch die Reibung beim Mahlen erhöht sich die Temperatur,

Auch für Königskinder ist das Leben ohne Schokolade äusserst fade.

dabei schmilzt die Kakaobutter und verbindet die Zellbruchstücke, Stärke- und Eiweissteilchen zur leuchtendbraunen, schon stark nach Schokolade duftenden Kakaomasse. Von der Kakaomasse führen zwei unterschiedliche Verarbeitungswege weiter: zu Kakaopulver und Kakaobutter einerseits und zu Schokolade und Schokoladenwaren andererseits.

Kakaopulver
Aus der flüssigen Kakaomasse wird in Presskammern unter Druck die Kakaobutter abgepresst. Diese fliesst klar und golden wie Sonnenblumenöl aus der Kakaopresse. Zurück bleibt der stark oder schwach entölte Kakao-Presskuchen, der zerkleinert und zermahlen zu Kakaopulver weiter verarbeitet wird.

Schokolade
Zur Herstellung von Schokolade wird die Kakaomasse unter Zugabe von Milch, Zucker, zusätzlicher Kakaobutter oder Rahm vermischt, je nachdem, ob eine Zartbitter-Schokolade oder eine Vollmilch-Schokolade entstehen soll. Das Ergebnis ist eine knetfähige Masse, die bereits alle geschmacklichen Eigenschaften der Schokolade aufweist. Die fein gewalzte, nicht mehr raue Schokoladenmasse benötigt zur geschmacklichen Verfeinerung und Vollendung einen Veredelungsprozess. Erst durch das Conchieren erhält die Schokolade das milde, abgerundete Aroma und den feinen Schmelz. Diese Behandlung bewirkt eine Aromaveredelung und Entgasung unerwünschter herber Aromastoffe. Das Conchieren hat einen entscheidenden Einfluss auf die Qualität der Schokolade. Der Vorgang dauert je nach Sorte und Qualität zwischen 4 und 72 Stunden und kann nicht beliebig verkürzt werden. Nur durch das Conchieren erhalten wir eine zartschmelzende, aromatische Schokolade.

Schokolade in der Küche
Das Temperieren dient der Überführung flüssiger Schokoladenmasse in einen festen, stabilen Zustand. In der flüssigen Phase sind fettfreie Kakaotrockenstoffe, Milchfeststoffe, Zucker usw. in der Kakaobutter suspendiert, die im erstarrten Zustand ein wesentliches Qualitätskriterium darstellen. Dafür ist eine einwandfreie Vorkristallisation notwendig. Die Temperierung setzt eine genaue Kenntnis der Zusammensetzung der Masse voraus. Im Allgemeinen sollte Schokolade nicht zu hoch erhitzt werden. Je nach Zusammensetzung bis zu 58 °C möglich, doch sollte sie besser nicht über 40 °C erhitzen werden. Zum Temperieren muss die geschmolzene Schokolade in zwei weiteren Arbeitsgängen abgekühlt und nochmals erwärmt werden. Im Privathaushalt erfolgt dies am besten mit der so genannten Impfmethode. Etwa die Hälfte der Schokolade wird geschmolzen. Die andere Hälfte wird nach und nach unter die geschmolzene Schokolade gerührt, bis die Temperatur von knapp 30 °C erreicht und die Masse homogen ist. Anschliessend wird die Schokolade im warmen Wasserbad unter Rühren wieder auf 30 bis 32°C erwärmt. Nun ist sie bereit für die Verarbeitung.

Aphrodisiakum
Lange wurde Schokolade als Dickmacher und Zahnzerstörer verdammt. Inzwischen sieht man auch die positiven Seiten. Neben gesunden Vitaminen und Mineralien enthält Schokolade auch die Liebes-Chemikalie Phenylethylamin, welche den Organismus auch beim Verlieben durchflutet. Sogar das Milcheiweiss tut dem Schokoladefan gut; es enthält sogenannte Exorphine, die schmerzlindernd wirken.

aus der "Himmlischer-Kanns-Fast-Nicht-Mehr-Werden"-So...

Mexico, Puebla

Mole poblano de guajolote
Truthahn in festlicher Poblano-Mole

4 Personen	12 Personen	
600 g	1.8 kg	Trutenbrustfleisch
2	4	Knoblauchzehen, halbiert
1	2	Zwiebel, geviertelt
		Meersalz
3 l	6 l	Wasser

Für die Sauce:

		Erdnussöl, zum Anbraten
3	6	Chiles anchos, Samen und Scheidewände entfernt
1	3	Chile pasillas, Samen und Scheidewände entfernt
4	8	Chiles mulatos, Samen und Scheidewände entfernt
1	2	Chile chipotles, Samen und Scheidewände entfernt
200 g	500 g	Pelati-Tomaten, gehackt
1	2	Zwiebel, grob gehackt
3	7	Knoblauchzehen, gehackt
50 g	120 g	Mandelsplitter, angeröstet
50 g	120 g	Erdnusskerne
2	4	Gewürznelken
4	8	schwarze Pfefferkörner
1	2	Zimtstange (etwa 2 cm lang)
½ TL	1 TL	Anissamen
50 g	150 g	Rosinen, in heissem Wasser eingeweicht
50 g	150 g	dunkle Schokolade, mindestens 65% Kakaoanteil
1 TL	2 TL	Zucker
		Meersalz
30 g	70 g	Sesam

Trutenbrust mit Knoblauch, Zwiebel und Salz in eine grosse Pfanne geben und mit Wasser gut bedecken. Aufkochen, den Deckel auflegen und etwa 15 Minuten bei mittlerer Hitze kochen lassen, bis das Fleisch durchgegart ist. Fleisch herausnehmen und beiseite stellen. Die entstandene Bouillon ebenfalls beiseite stellen.

Für die Sauce in einer Pfanne das Öl erhitzen. Die Chiles hinzufügen und 2 Minuten sautieren. Herausnehmen und die Pfanne mit dem restlichen Öl beiseite stellen. Die Chiles in eine Schüssel füllen, mit heissem Wasser übergiessen und 30 Minuten einweichen. Die Tomaten zusammen mit den eingeweichten Chiles einige Minuten dämpfen. Anschliessend pürieren und beiseite stellen. Im gleichen Öl in dem die Chiles sautiert wurden, Zwiebel und Knoblauch 3 Minuten andünsten und in eine Schüssel geben. Dann die Mandelsplitter, Erdnüsse, Gewürznelken, Pfefferkörner, Zimtstange und Anissamen in die Pfanne geben und 3 Minuten sautieren. Zu den Zwiebeln in die Schüssel geben und zusammen mit den Rosinen pürieren. Etwas Bouillon beigeben.

Alle pürierten Zutaten in eine grosse Pfanne geben und unter ständigem Rühren 5 Minuten kochen lassen. Schokolade und Zucker hinzufügen und weiterrühren. Nach Bedarf einen Teil der zurückgestellten Bouillon dazugiessen. Den Deckel auflegen und die Sauce weitere 20 Minuten bei geringer Hitze köcheln lassen. Mit Salz abschmecken. Falls sie zu dickflüssig ist, noch etwas Bouillon unterrühren. Die Trutenbrust in Portionenstücke schneiden und in die Sauce legen. Alles zugedeckt 10 Minuten bei mittlerer Hitze köcheln lassen. In der Zwischenzeit in einer kleinen Pfanne den Sesam bei mittlerer Hitze goldgelb rösten und vor dem Servieren über die Mole mit dem Truthahn streuen.

Brasilien

Pernil de porco com molho de pimenta
Schweinshaxe mit Pfeffersauce

4 Personen	12 Personen	
4	12	Schweinshaxenstücke, je etwa 250 g
		Butter, zum Anbraten

Für die Marinade:

½	1	Zwiebel, gehackt
3	6	Knoblauchzehen, gepresst
1	2	Pfefferschote (Piments Malagueta), fein gehackt
½ Bund	1 Bund	glatter Peterli, fein gehackt
½ Bund	1 Bund	Frühlingszwiebeln, fein gehackt
½	1	Lorbeerblatt, zerkrümelt
1	2	Gewürznelke (cravos da Indiá)
½ EL	1 EL	schwarzer Pfeffer, grob gemahlen
1	3	Limette, den ausgepressten Saft
1	3	Orange, den ausgepressten Saft

Für die Pfeffersauce:

8	16	grüne Peperoncini, gehackt
½	1	Zwiebel, gehackt
		Meersalz
1	2	Limette, den ausgepressten Saft

Die Zutaten für die Marinade in einer Schüssel mischen. Die Haxen damit marinieren und 1 Stunde im Kühlschrank ziehen lassen. In einer Bratpfanne die Butter erhitzen und die Haxen auf beiden Seiten anbraten. Haxen in eine Gratinform legen, den Bratsaft darüber giessen und etwa 1 Stunde im auf 200°C vorgeheizten Ofen garen. Von Zeit zu Zeit mit dem Garsaft übergiessen.
Alle Zutaten für die Sauce gut vermischen und bis zur Verwendung mit etwas Öl bedecken.
Das Fleisch zusammen mit der Sauce servieren.

Mexiko

Frijoles con zapallo
Weisse Bohnen-Kürbiseintopf

4 Personen	12 Personen	
200 g	600 g	getrocknete weisse Bohnen, am Vortag in kaltem Wasser eingelegt
		Olivenöl, zum Anbraten
1	3	Zwiebel, fein gehackt
300 g	900 g	Kürbis, in 1 cm grosse Würfel geschnitten
4	12	Pelati-Tomaten, gehackt
		Meersalz
1 TL	2 TL	schwarzer Pfeffer, grob gemahlen
1 TL	3 TL	getrockneter Oregano
1 TL	2 TL	edelsüsses Paprikapulver
150 g	450 g	Maiskörner aus der Dose, abgetropft

Die Bohnen mit frischem Wasser knapp bedecken und zugedeckt 2 Stunden köcheln lassen, bis sie weich sind. Bei Bedarf etwas Wasser nachgiessen. Das Öl in einer Pfanne erhitzen und die Zwiebel darin glasig dünsten. Die Kürbiswürfel, Tomaten, Salz, Pfeffer, Oregano und Paprika hinzufügen. Alles unter Rühren 5 Minuten bei mittlerer Hitze braten. Mais und Bohnen mit etwas Kochflüssigkeit hinzufügen. Weitere 10 Minuten köcheln lassen und gelegentlich umrühren.

Mexiko, San Luis Potosí

Lentejas con piña y plátanos
Linsen mit Ananas und Kochbananen

4 Personen	12 Personen	
200 g	600 g	braune Linsen, gut gewaschen
8 dl	2.5 l	Wasser
1	2	Zwiebel, halbiert
2	4	Gewürznelken, auf die Zwiebel gesteckt
3	9	Knoblauchzehen, halbiert
1	2	Lorbeerblatt
3	6	Chiles Anchos, Samen entfernt und geröstet
100 g	300 g	Pelati-Tomaten, abgetropft
½ TL	1 TL	gemahlener Zimt
		Olivenöl, zum Anbraten
1	2	Kochbanane, in ½ cm grosse Scheiben geschnitten
1	3	kleine Zwiebeln, gehackt
½ TL	1 TL	getrockneter Oregano (nach Möglichkeit aus Mexiko)
½ TL	1 TL	gemahlener Piment
		Meersalz
		schwarzer Pfeffer, grob gemahlen
½	1	kleine Ananas, grob gewürfelt
1	3	Limette, geviertelt

Die Linsen mit Wasser, Zwiebel, Gewürznelken, Knoblauch und Lorbeerblatt aufkochen und dann zugedeckt bei mittlerer Hitze etwa 30 Minuten köcheln lassen, bis die Linsen beinahe gar sind. Zwiebeln, Knoblauch und Lorbeerblatt entfernen.
Die Chiles in einer Schüssel mit kochendem Wasser übergiessen und 15 Minuten einweichen. Wasser abgiessen und die Chiles mit den Pelati-Tomaten, Zimt und etwas Linsenkochwasser glatt pürieren. Das Öl in einer Bratpfanne erhitzen. Die Bananenscheiben dunkelbraun anbraten und dabei mehrmals wenden. Herausnehmen und auf Haushaltspapier abtropfen lassen. In der gleichen Pfanne die gehackten Zwiebeln andünsten. Die Chilimischung, Oregano, Piment, Salz und Pfeffer hinzufügen. Das Ganze bei mittlerer Hitze unter häufigem Rühren etwa 5 Minuten köcheln und eindicken lassen. Die Mischung zu den Linsen geben und diese bei mittlerer Hitze nochmals etwa 15 Minuten köcheln lassen. Die Bananen und die Ananas untermischen und 10 Minuten weiter köcheln lassen, bis die Früchte weich sind. Nach Bedarf Wasser hinzugiessen. Die Sauce sollte zuletzt dickflüssig sein. Nochmals abschmecken und sofort mit den Limettenvierteln servieren.

Kuba

Frijoles negros con salsa roja
Schwarze Bohnen mit scharfer roter Sauce

4 Personen	12 Personen	
Für die Bohnen		
70 g	200 g	getrocknete schwarze Bohnen, am Vortag in kaltem Wasser eingelegt
		Erdnussöl, zum Anbraten
1	2	Zwiebel, fein gehackt
3	8	Knoblauchzehen, gepresst
2	4	grüne scharfe Chilischote, in Ringe geschnitten
1	2	grüne Peperoni, gewürfelt
1 TL	3 TL	getrockneter Oregano
1	3 TL	gemahlener Kreuzkümmel
1	2	Lorbeerblatt
		Meersalz
2 TL	4 EL	Weissweinessig
2 TL	2 EL	Rohrohrzucker
2 TL	2 EL	Maisstärke, in etwas Wasser aufgelöst
Für die Sauce:		
400 g	1.2 kg	Pelati-Tomaten, gehackt
1	3	grosse, rote Peperoni, entkernt und grob gewürfelt
		Olivenöl, zum Andünsten
3	6	Knoblauchzehen, gepresst
6	12	getrocknete scharfe Chilischoten, zum Beispiel Chile de Arbol, feingehackt
		Meersalz
		schwarzer Pfeffer, grob gemahlen
2 TL	2 EL	getrockneter Oregano
2 TL	4 TL	Zucker
4 EL	1 dl	Rotweinessig

durchs Essen näher aneinander rücken.

Die Bohnen mit Wasser bei geringer Hitze etwa 50 Minuten köcheln lassen, dabei immer wieder Wasser dazugiessen, das langsam verkochen soll.
Das Öl in einer Pfanne erhitzen und die Zwiebel darin hellbraun braten, Knoblauch dazugeben und kurz mitbraten. Chili, Peperoni, Oregano, Kreuzkümmel und Lorbeerblatt dazugeben und weitere 5 Minuten bei mittlerer Hitze unter Rühren braten.
Diese Mischung etwa 30 Minuten vor Ende der Garzeit zu den Bohnen geben. Salz, Essig und Zucker dazugeben.
Etwa 5 Minuten vor Ende der Garzeit die Bohnen mit der Maisstärke binden. Das Lorbeerblatt entfernen.
Öl in einer Pfanne erhitzen, Tomaten und Peperoni bei mittlerer Hitze unter Rühren 5 Minuten dünsten. Den Knoblauch dazu geben. Salz, Pfeffer, Chili und Oregano hinzufügen und alles etwa 10 Minuten einkochen lassen.
Mit Zucker und Rotweinessig abschmecken und zu den schwarzen Bohnen servieren.

Mexico, Guerrero

Chiles rellenos
Geschmorte Peperoni mit Ricottafüllung

4 Personen	12 Personen	
2	6	rote und gelbe Peperoni, längs halbiert und entkernt
Für die Füllung:		
300 g	1.2 kg	Ricotta
1	3	Ei
½ Bund	1½ Bund	Koriander, Blätter abgezupft und gehackt
½ Bund	1½ Bund	glatter Peterli, gehackt
1	3	Chile Jalapeño, fein gehackt
		Meersalz
		schwarzer Pfeffer, grob gemahlen
Für die Sauce:		
		Erdnussöl, zum Anbraten
1	3	kleine Zwiebel, fein gehackt
2	6	Knoblauchzehen, gepresst
400 g	1 kg	Pelati-Tomaten, grob gehackt
1	3	Lorbeerblatt

Ricotta und Ei in einer Schüssel verrühren. Koriander, Peterli und Chile unter die Masse mischen, mit Salz und Pfeffer würzen. Die Ricottamischung in die vorbereiteten Peperonihälften einfüllen.
Das Öl in einer Pfanne erhitzen und die Zwiebeln darin bei schwacher Hitze glasig dünsten. Den Knoblauch dazupressen und die Tomaten dazugeben. Mit dem Lorbeer, Salz und Pfeffer würzen und alles im geschlossenen Topf bei mittlerer Hitze etwa 5 Minuten köcheln. Die gefüllten Peperoni mit der Öffnung nach oben auf die Tomatensauce in der Pfanne legen und mit geschlossenem Pfannendeckel bei schwacher Hitze weitere 20 Minuten garen. Wenn die Füllung fest ist und die Peperoni gar sind, zusammen mit der Tomatensauce servieren.

Kuba

Congrí
Reis mit roten Bohnen

4 Personen	12 Personen	
100 g	300 g	getrocknete rote Bohnen, über Nacht in kaltem Wasser eingelegt
250 g	750 g	Langkornreis
5 dl	1.5 l	Wasser
		Olivenöl, zum Anbraten
2	4	Zwiebeln, gehackt
3	6	Knoblauchzehen, gepresst
1	3	grüne Peperoni, gewürfelt
1 TL	2 TL	getrockneter Oregano
1 TL	2 TL	gemahlener Kreuzkümmel
2	4	Lorbeerblätter
1 EL	3 EL	trockener Weisswein
		Meersalz

Die Bohnen in 1½ Stunden weich kochen. Danach das Bohnenwasser nicht wegschütten, sondern Wasser bis zur erforderlichen Menge für den Reis auffüllen. Reis zu den Bohnen in die Pfanne geben. Das Öl in einer Pfanne erhitzen, Zwiebeln, Knoblauch, Peperoni, Oregano und Kreuzkümmel bei mittlerer Hitze unter Rühren gut andünsten und mit den Lorbeerblättern und dem Wein zu den Bohnen und dem Reis geben und salzen. Alles etwa 15 Minuten köcheln lassen, bis die Flüssigkeit fast vollständig eingekocht ist. Bei geringer Hitze 5 Minuten nachgaren.

Mexico

Budín de elote
Maisgratin

4 Personen	12 Personen	
1	3	grosse Zwiebel, fein gehackt
1	3	grosse rote Peperoni, gewürfelt
1	3	grosse grüne Peperoni, gewürfelt
		Olivenöl, zum Andünsten
3	5	Knoblauchzehen, gepresst
280 g	840 g	Maiskörner aus der Dose, abgetropft und püriert
4	12	Eier, verquirlt
3 EL	6 EL	Mehl
		Meersalz
1 TL	2 TL	Rohrohrzucker
		schwarzer Pfeffer, grob gemahlen
¼ TL	½ TL	Chilipulver
		Butter, zum Einfetten der Gratinform

Das Öl in einer Bratpfanne erhitzen. Zwiebel und Peperoni darin andünsten. Den Knoblauch dazugeben und alles etwa 5 Minuten weiter dünsten. Maiskörner, Eier, Paprikamischung und Mehl dazugeben und gut vermischen. Mit Salz, Zucker, Pfeffer und Chilipulver würzen.
Die Gratinform einfetten, die Masse einfüllen und etwa 40 Minuten im auf 200°C vorgeheizten Ofen backen, bis die Oberfläche goldbraun ist.
Heiss oder lauwarm servieren.

Antigua

Soufflé de camotes
Süsskartoffelsoufflé mit Baumnüssen

4 Personen	12 Personen	
4	12	kleine Süsskartoffeln
25 g	75 g	Butter
2 EL	6 EL	Mehl
3 dl	8 dl	Milch
½	1½	kleine Zwiebel, gehackt
1 TL	2 TL	getrockneter Thymian
		schwarzer Pfeffer, grob gemahlen
		Meersalz
4	12	Eier, getrennt
150 g	450 g	Baumnusskerne, gehackt

Die Süsskartoffeln im kochenden Wasser gar kochen. Abkühlen lassen, schälen und mit einer Gabel zerdrücken. In einer Pfanne die Butter schmelzen. Das Mehl hinzufügen und 2 Minuten kräftig rühren, Hitze reduzieren und nach und nach die Milch einrühren. Solange rühren bis die Sauce eindickt. Von der Kochstelle nehmen und Zwiebel, Thymian, Pfeffer und Salz dazugeben. Das Eiweiss steif schlagen und vorsichtig unter die Sauce ziehen. Baumnusskerne und Süsskartoffeln einrühren. Eigelb verquirlen und zur Mischung geben. Das Ganze in eine Gratinform füllen. 20 Minuten im auf 180°C vorgeheizten Ofen backen.
Sofort servieren.

Alles Gute kommt von oben, sagt man.

Karibik

Mango Cheesecake
Mango-Quarkkuchen

4 Personen	12 Personen	
24 cm	30 cm	runde Springform

Für den Teig:

50 g	100 g	Butter, zerlassen
300 g	600 g	Vollkorn-Cracker, zerstossen
2 EL	4 EL	Rohrohrzucker

Für die Quarkmasse:

2	4	Eier, verquirlt
500 g	1 kg	Quark
60 g	120 g	weisser Zucker
½	1	Limette, den ausgepressten Saft
½ TL	1 TL	Salz
4 EL	8 EL	Mangopüree

Für den Belag:

½ TL	1 TL	gemahlener Zimt
1 dl	2 dl	Crème fraîche
2 EL	4 EL	Rohrohrzucker
½ TL	1 TL	Vanilleessenz
¼ TL	¼ TL	gemahlene Muskatnuss
1	2	Mango, Fruchtfleisch gewürfelt
1	1	Mango, zum Garnieren

Die Butter, Cracker und den braunen Zucker vermengen. Die Masse auf dem Boden der Springform gleichmässig verteilen und festdrücken. Kühl stellen.

In einer Schüssel Eier, Quark, weissen Zucker, Limettensaft und Salz gut vermischen. Das Mangopüree unterrühren. Die Quarkmasse in die Springform einfüllen und glatt verstreichen. 20 Minuten im auf 190°C vorgeheizten Ofen backen. Aus dem Ofen nehmen, mit Zimt bestreuen und abkühlen lassen.

Crème fraîche mit braunem Zucker, Vanilleessenz und Muskat verrühren, Mangowürfel unterheben. Auf dem Kuchen verteilen und weitere 5 Minuten backen. Den Kuchen kühl stellen. Zum Servieren mit frischen Mangoschnitzen garnieren.

USA, Florida

Key Lime Pie
Limettenkuchen mit Baiser

4 Personen	12 Personen	
24 cm	30 cm	runde Springform
Für den Teig:		
150 g	300 g	Mehl
1 EL	2 EL	Puderzucker
1 EL	2 EL	eiskaltes Wasser
125 g	250 g	sehr kalte Butter, in Flocken geschnitten
		Butter für die Springform
Für die Creme:		
6	12	Eigelb
400 g	800 g	gesüsste Kondensmilch
4	8	unbehandelte Limetten, die abgeriebene Schale und den ausgepressten Saft
Für die Meringuemasse (Baiser):		
6	12	frisches Eiweiss
175 g	350 g	Zucker
¼ TL	½ TL	Weinsteinpulver (in der Drogerie erhältlich)

Das Mehl mit Puderzucker, Wasser und Butterflocken rasch zu einem glatten Teig verkneten. Den Teig zu einer Kugel formen, in Klarsichtfolie wickeln und 2 Stunden im Kühlschrank ruhen lassen.
Dann den Teig zu einem Kreis ausrollen, der 2 cm grösser als die Springform ist. Den Teig in die Form heben und diese damit auskleiden. Den Boden mit einer Gabel mehrfach einstechen. Den Teig 25 Minuten im auf 200°C vorgeheizten Ofen backen.
Für die Creme die Eigelb in eine Schüssel geben und zusammen mit der Kondensmilch verquirlen. Von der Hälfte der Limetten den Saft und die Schale zur Creme geben. Die Creme kurz durchrühren, auf den Tortenboden giessen und glatt streichen. Den Kuchen 25 Minuten im auf 200°C vorgeheizten Ofen backen.
In der Zwischenzeit das Eiweiss steif schlagen. Nach und nach den Zucker und den Weinstein einrieseln lassen und weiter schlagen. Die Meringuemasse ebenfalls auf den Kuchen geben und mit einem Esslöffel wolkenförmig verstreichen. Den Grill des Backofens einschalten und den Kuchen im Ofen knapp 5 Minuten goldbraun werden lassen. Dabei ständig kontrollieren, dass der Eischnee nicht verbrennt. Den Kuchen auskühlen lassen und möglichst am gleichen Tag geniessen.

Kuba und USA, Texas San Antonio

Torta de chocolate grand cru Cuba
Schokoladentruffetarte Grand Cru Cuba

4 Personen	12 Personen	
24 cm	30 cm	runde Springform oder Kuchenblech

Für den Teigboden:

125 g	250 g	Butter
125 g	250 g	Rohrohrzucker
½ TL	1 TL	gemahlener Zimt
1 TL	2 TL	Vanilleessenz
30 g	60 g	ungesüsstes Kakaopulver
125 g	250 g	Mehl

Für die Füllung:

300 g	600 g	dunkle Schokolade mit 65% Kakaoanteil, in kleinen Stücken
3 dl	6 dl	Rahm
		Kakaopulver, zum Bestäuben

Die Butter und den Zucker in eine Schüssel geben und kräftig rühren, bis die Masse hell und schaumig ist. Zimt, Vanille-Essenz, Kakao und Mehl gut in die Masse einrühren. Den Teig zu einem Fladen formen und falls er sehr weich ist, einige Minuten kalt stellen.

Den Teigfladen auf Backtrennpapier dünn zu einem Kreis auswallen, der 2 cm grösser ist als die gewählte Springform. Den Teig samt Backtrennpapier in die Springform heben und am Boden und Rand der Form andrücken.

30 Minuten kalt stellen, bis der Teig fest geworden ist. Den Teigboden mehrmals mit einer Gabel einstechen und etwa 15 Minuten im auf 190°C vorgeheizten Ofen backen. In der Form abkühlen lassen.

Für die Füllung die Schokolade in eine Schüssel geben. Den Rahm knapp zum Kochen bringen und über die Schokolade giessen. 3 Minuten ziehen lassen, dann gleichmässig umrühren, bis die Schokolade geschmolzen und die Mischung glatt ist. Die Masse auf dem abgekühlten Teigboden verstreichen. Etwa 3 Stunden kalt stellen, damit die Füllung fest wird.

Vor dem Servieren mit Kakao bestäuben.

... und wird der Mensch sturil oder gerät er gar ins Schrille, dann hilft nur Eins: Vanille !

Vanille
Die verführerische Schote

Spanisch *vainilla* - von dem aus die Namen in anderen Sprachen direkt oder indirekt entlehnt sind - ist eine Verkleinerungsform von *vaina* für Scheide, oder Kapsel. Der Name ist durch die Ähnlichkeit der Vanilleschote mit einer Schwertscheide bedingt.

Vanille war den Azteken bereits vor Ankunft der Spanier bekannt; sie verwendeten das Gewürz „Nahuatl tlilxochitl" (schwarze Blume) für ihr berühmtes Schokolade-Getränk "cacahuatl" (Kakao-Wasser), in der Maya-Sprache „chocol haa" aus Kakaobohnen, Honig, Wasser und nach einigen Quellen Annattosamen oder gar scharfem Paprika. Als sich Hernán Cortés am 14. November 1519 in der aztekischen Hauptstadt Tenochtitlán eine Audienz beim Aztekenherrscher Moctezuma erzwang, trank er als erster Europäer mit Vanille gewürzte Trinkschokolade.

Von der Blüte zum Gewürz

Vanille ist das Gewürz einer Orchidee, einer tropischen Schlingpflanze, die sich mit Rankenwurzeln an Urwaldriesen bis 10 m in die Höhe windet. Heimisch ist die Pflanze in küstennahen Gegenden Mittelamerikas.

Das Vanillin ist in den Schalen der Früchte enthalten. Die in Trauben stehenden, unscheinbaren Orchideenblüten können unter natürlichen Bedingungen nur von einem einzigen Insekt bestäubt werden, das die äusseren Blütenorgane durchbohrt und so den Blütenstaub auf die Narbe bringt. In Kulturen werden die Vanilleblüten deshalb oft von Hand bestäubt. Nach der Bestäubung wächst der Fruchtknoten zu 16-20 cm langen Kapseln aus, welche vor der Reife geerntet werden. Anders als bei den meisten anderen Gewürzen ist die Verarbeitung der Vanille nach dem Pflücken ziemlich kompliziert, da die frischen Schoten so gut wie keinen Geschmack haben. Das Vanillin ist gebunden und muss erst durch eine Fermentation freigesetzt werden. Dazu werden die frisch geernteten Früchte einer Folge von Heisswasser- (Bourbon) oder Wasserdampfbehandlungen (mexikanische Sorten) unterzogen.

Nach abwechselnder Trocknung werden sie in luftdichten Behältern zum Schwitzen gebracht. Dabei entwickeln die Früchte innerhalb von mehreren Wochen die Biegsamkeit und Farbe der uns bekannten Vanillestangen. Diese aufwändige Verarbeitung und ausserhalb Mexikos auch die Notwendigkeit künstlicher Bestäubungen, machen Vanille zu einem der kostbarsten Gewürze. Die präparierten Schoten enthalten etwa 3% Vanillin. Das einzigartige Aroma beruht allerdings auf 35 weiteren Inhaltsstoffen, weshalb synthetisches Vanillin das Gewürz nicht ersetzen kann.

Jahrhundertelang blieb Mittelamerika das einzige Erzeugerland für Vanille, da andernorts der natürliche Bestäuber fehlte. Erst 1841 entwickelte man die künstliche Bestäubung. Heute wird Vanille ausser in Mexiko auch in Indonesien, auf den Comoren, Madagaskar und in Uganda angebaut. Vanille ist das wichtigste Gewürz in der Schokoladeindustrie und wird für zahlreiche Desserts und bei der Likörherstellung verwendet.

Ich kann nicht mehr. Halt durch! Ich nehme dieses Mal die doppelte Portion. Ich verhungere.
(aus der Warte-Saal-Serie)

Karibik, Isla El Tipico

Helado de vainilla con salsa de fruta pasión
Vanilleparfait mit Passionsfruchtsauce

4 Personen	12 Personen	
Für das Parfait:		
4	12	Eigelb
100 g	250 g	Rohrohrzucker
1.5 dl	4 dl	Milch
1	2	Vanilleschote, längs aufgeschlitzt
100 g	250 g	Méringues, gemahlen
3.6 dl	1.2 l	Rahm, steif geschlagen
Für die Sauce:		
6	18	Passionsfrüchte
35 g	100 g	Rohrohrzucker
1	3	Orange, den ausgepressten Saft

Eigelb und Zucker in einer Schüssel kräftig verrühren, bis die Masse hell wird. Die Milch kurz zum Siedepunkt erhitzen, die Vanilleschote dazu geben und bei geringer Hitze 2 Minuten weiter köcheln. Samen in die Milch herausschaben und die Vanilleschote entfernen. Die heisse Milch in die Zucker-Eimasse einrühren, bei geringer Hitze oder im Wasserbad die Masse ständig rühren, bis sie dicklich wird. Méringues einrühren. Abkühlen lassen und den geschlagenen Rahm sorgfältig unterziehen. Die Parfaitmasse in eine Frischhalteform giessen und über Nacht tiefkühlen.
Passionsfrüchte aufschneiden und das Fruchtfleisch mit den Kernen zusammen mit Zucker und Orangensaft bei geringer Hitze 10 Minuten kochen. Durch ein Sieb streichen und abkühlen lassen.
Parfait etwa 15 Minuten vor dem Servieren aus dem Tiefkühler nehmen. Aus der Form stürzen, in Scheiben schneiden und anrichten. Mit Passionsfruchtsauce verzieren.

USA, New Orleans

White Chocolate Macadamia Nut Brownies
Macadamianuss-Whities

4 Personen	12 Personen	
Für den Teig:		
100 g	200 g	Butter
250 g	500 g	weisse Schokolade
4	8	Eier
¼ TL	½ TL	Meersalz
350 g	700 g	Zucker
2 EL	4 EL	Vanilleessenz
370 g	740 g	Weissmehl
250 g	500 g	Macadamia-Nüsse, gehackt
Für den Guss:		
100 g	200 g	weisse Schokolade
1 EL	2 EL	Butter
4 EL	1.5 dl	Doppelrahm

Die Butter zusammen mit der Schokolade in einer Pfanne mit geringer Hitze schmelzen. Eier und Salz in einer Schüssel schaumig rühren, Zucker hinzufügen und weiter rühren, bis die Masse weiss und schaumig ist. Vanilleessenz zusammen mit der etwas abgekühlten Schokolademischung unter die Eimasse ziehen. Mehl und Nüsse hinzufügen und untermischen. Die Masse sollte feucht und zähflüssig sein. Whities-Masse auf ein mit Backtrennpapier ausgelegtes Blech 2 cm dick ausstreichen.
Etwa 40 Minuten im auf 180°C vorgeheizten Ofen backen. Abkühlen lassen und in 4x4 cm grosse Quadrate schneiden.
Für den Guss die Schokolade und die Butter vorsichtig schmelzen, den Doppelrahm hinzufügen und bei geringer Hitze kurz köcheln. Den Guss leicht abkühlen und über die Whities giessen.

Mexiko, Distrito El Tipico

Chili Brownies
Schokoladebrownies mit Chiles Ancho

4 Personen	12 Personen	
2	4	getrocknete Chiles Ancho, Stil und Samen entfernt
150 g	300 g	Butter
300 g	600 g	dunkle Schokolade, etwa 65% Kakaoanteil
4	8	Eier
300 g	600 g	Rohrohrzucker
1 EL	2 EL	Vanilleessenz oder Vanillezucker
¼ TL	½ TL	Meersalz
300 g	600 g	Baumnusskerne, grob gehackt
130 g	260 g	Mehl

Chiles Ancho mit kochendem Wasser übergiessen und 30 Minuten einweichen lassen. Herausnehmen und mit etwas Einweichwasser pürieren.

Die Butter zusammen mit der Schokolade bei geringer Hitze schmelzen. Eier und Zucker schaumig rühren. Vanilleessenz, Salz, Chilipüree und Schokolade-Buttermischung dazugeben und gut verrühren. Baumnüsse und Mehl dazugeben und nochmals gut verrühren.

Brownies-Masse auf ein mit Backtrennpapier ausgelegtes Blech 2 cm dick ausstreichen. Etwa 30 Minuten im auf 180°C vorgeheizten Ofen backen. Bei der Nadelprobe darf noch etwas Teig hängen bleiben. Die Brownies sollen so feucht wie ein Praliné sein.

Abkühlen lassen und in 4x4 cm grosse Quadrate schneiden.

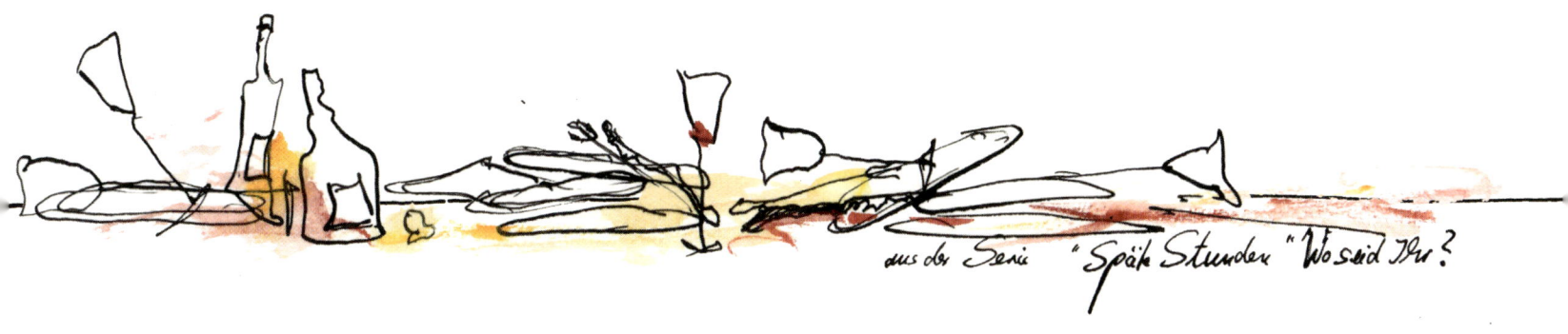

Mexiko

Cacahuatl
Gewürzte heisse Schokolade

4 Personen	12 Personen	
1 l	3 l	Milch
10 g	30 g	Achiotesamen (auch Annato genannt)
15 g	50 g	gemahlene Mandeln oder Haselnüsse
1	3	Vanilleschoten, längs aufgeschnitten und Mark herausgekratzt
4 g	12 g	getrocknete Rosenblüten (Rosa da Castilla)
1 Stängel	3 Stängel	Zimt
½ El	1 El	Anissamen
1	3	getrockneter Chile Arbol oder Chile Serrano
125 g	375 g	Bitterschokolade mit 70% Kakaoanteil, zerkleinert
		Salz
		Rohrohrzucker
½ EL	1 EL	Orangenblütenwasser

Die Milch mit den Achiotesamen in einer Pfanne bei mittlerer Hitze erwärmen und unter Rühren zum Kochen bringen. Die Temperatur reduzieren und 10 Minuten ziehen lassen, bis sich die Flüssigkeit leuchtend orange färbt. Die Achiotesamen absieben und die Milch in die Pfanne zurück giessen. Die gemahlenen Mandeln, Vanilleschoten, Vanillemark, Rosenblüten, Zimt, Anissamen und Chilis dazugeben. Langsam aufkochen lassen. Die Temperatur reduzieren und 10 Minuten köcheln lassen. Von der Kochstelle nehmen, die Schokolade einrühren und vorsichtig salzen. Mit Rohrohrzucker abschmecken und Orangenblütenwasser hinzufügen. Alles durch ein feines Sieb in einen Krug abgiessen. Mit einem mexikanischen Holzquirl (oder Rührstab) kräftig schlagen bis sie schaumig ist. In Gläser füllen und sofort servieren.

Rezept- und Zutatenregister

A

Amaretti
   Pfirsiche mit Amaretti-Mandel-Füllung 53
Amelies Bretonischer Butterkuchen 62
Ananas
   Ananas-Chilisorbet 182
   Ananas-Gurkensalat 145
   Duftender Mandelpudding 163
   Karamelisierte Ananas 164
   Linsen mit Ananas und Kochbananen 192
   Rotes Ananas-Curry mit Crevetten 152
Ananas-Chilisorbet 182
Anislikör
   Ricottakuchen mit Pfefferminze und Anislikör 57
Äpfel
   Zürcher Pfarrhaustorte 60
Aprikosen
   Aprikosencreme 93
   Gefüllte Aprikosen 94
   Maurische Lammkoteletts 22
   Orientalischer Trockenfrüchtesalat 98
Auberginen
   Auberginengratin 47
   Auberginen-Lammfleisch-Auflauf 40
   Couscous mit sieben Gemüsen 90
   Gefüllte Auberginen „Des Imam Gaumenfreude" 88
   Gemüse im Kichererbsenmehl 124
   Süss-saure Auberginen 26
Austernsauce
   Pfannengerührtes Gemüse mit Austernsauce 160
Avocados
   Guacamole 170

B

Backpflaumen
   Orientalischer Trockenfrüchtesalat 98
Baklava 96
Bambussprossen-Salat 146
Baumnuss-Peperonipaste 70
Blätterteig-Nussgebäck 96
Blattsalat mit Geissenfrischkäse im Kräutermantel 27
Blattspinat siehe Spinat
Blumenkohl
   Reis-Linsen-Gemüse-Eintopf 120
Bobotie 80
Bohnen
   Bohnenbällchen mit Ingwer und Rosinen 121
   Geschmorte grüne Bohnen mit Olivenöl 87
   Reis mit roten Bohnen 197
   Schwarze Bohnen mit scharfer roter Sauce 194
   Weisse Bohnen-Kürbiseintopf 191
Broccoli
   Pfannengerührtes Gemüse mit Austernsauce 160
   Pfannengerührtes Gemüse mit Kokosmilch 161
Brot
   Geröstete Baguettescheiben 10
   Geröstete Landbrotscheiben 10
   Hausbrot 128
   Zucchinibrot 19
Bruschette
   Bruschetta mit grillierten Peperoni 11
   Bruschetta mit Tomaten 11
   Geröstete Landbrotscheiben 10
Bulgursalat 74
Butterkuchen 62

C

Caponata 26
Cashewnüsse
   Pikante Cashewnüsse 102
   Pouletfleisch mit Cashew-Nüssen 153
   Salat mit Cashewnüssen und Kräutern 147
Cassata 55
Chai 131
Champignons
   Mariniertes Poulet im Pandanblatt 141
Chay 99
Cheesecake 200
Chiang Mai-Curry 159
Chili
   Chili-Rindfleisch 155
   Der Früchtescharfmacher - Chili mit Salz 134
   Die feine scharfe Sache 172
   Schokoladebrownies mit Chiles Ancho 206
   Teufelssauce 174
Chimichangas 185
Congrí 197
Coquilles Saint-Jaques
   Jakobsmuscheln mit beurre blanc 29
Couscous mit sieben Gemüsen 90
Cozze ripiene 30
Crevetten
   Gegarte Crevetten am Zuckerrohr 138
   Knusprig gebratene Crevetten 109
   Paella mit Meeresfrüchten 32
   Rotes Ananas-Curry mit Crevetten 152
   Scharf-saure Crevettensuppe 144
Crostini
   Crostini mit getrockneten Tomaten 12
   Crostini mit Olivenpaste und Pilzen 13
   Crostini mit Pecorino, frischen Feigen und Honig 12
   Geröstete Baguettescheiben 10
Curry
   Chiang Mai-Curry 159
   Kartoffelcurry 123
   Pfannengerührtes Rindfleisch-Curry 158
   Rotes Ananas-Curry mit Crevetten 152
   Rotes Lammcurry 116

D

Datteln im Speckmantel 17
Dip aus gerösteten roten Peperoni 175

E

Eingelegte Salz-Zitronen 82
Empanadas
   Teigtaschen mit Spinatfüllung 18
Ente
   Entenbrust mit Baumnusssauce 35
   Enten-Litschi-Salat 148
   Geröstete Ente mit Fünf-Gewürzemischung 154
Erbsen
   Reis-Linsen-Gemüse-Eintopf 120
Erdbeeren
   Läckerliparfait mit Erdbeersauce 56
Erdnussbutter
   Grillierte Pouletspiesse mit Erdnusssauce 156
   Poulet in Erdnusssauce 184
Erdnüsse
   Pikante Nüsse und Kernen 169

F

Feigen
   Crostini mit Pecorino, frischen Feigen und Honig 12
   Gefüllte Feigen mit Fenchelsamen 20
   Orientalischer Trockenfrüchtesalat 98
Fenchelsalat mit Orange 28
Feta
   Melonensalat mit Feta 73
Fisch
   Fisch in scharfer Kokosnusssauce 150
   Gebackener Fisch in Tomatensauce 112
   Gebackener Tandoori-Lachs 114

Lachs in Koriandersauce 183
Paella mit Meeresfrüchten 32
Pfannengerührter Red Snapper 151
Seeteufel mit Pinienkernsauce 31
Fischsauce
　Scharfe Fischsauce 135
Flan 54
Fleur de sel 15
Frijoles negros 194
Frühlingsrollen
　Indonesische Frühlingsrollen mit Pouletfleisch 140
　Vegetarische Frühlingsrollen 136

G

Geissenfrischkäse
　Blattsalat mit Geissenfrischkäse im Kräutermantel 27
Gemüse im Kichererbsenmehl 124
Geröstete Kürbiskerne mit Limettensaft 168
Gewürzmischung
　Geröstete Ente mit Fünf-Gewürzmischung 154
　Ras el Hanout 78
Gewürztee 131
Gewürzte heisse Schokolade 207
Gewürzte Mandeln 69
Guacamole 170
Gurke
　Ananas-Gurkensalat 145
　Gurkenjoghurt mit Chili und Pfefferminze 105
　Kalte scharfe Gurkensuppe 142
　Mango-Gurken-Salat 179
　Muscheln in Habanero-Mango-Salsa 181

H

Hackfleischauflauf mit Rosinen 80
Hackfleischküchlein mit Kreuzkümmel und Zimt 84
Huhn, Hähnchen siehe Poulet

J

Jakobsmuscheln
　Jakobsmuscheln mit beurre blanc 29
　Paella mit Meeresfrüchten 32

K

Kabeljau
　Fisch in scharfer Kokosnusssauce 150
　Gebackener Fisch in Tomatensauce 112
Kakao siehe Schokolade
Kalbshaxen
　Geschmorte Kalbshaxe Ossobuco 38

Kalte Mandel-Knoblauch-Suppe mit Trauben 23
Kalte Melonensuppe 177
Kalte Mexikanische Tomatensauce 171
Kalte scharfe Gurkensuppe 142
Kaninchen
　Kaninchenragout mit schwarzen Oliven 36
　Paella mit Meeresfrüchten 32
Karamelisierte Ananas 164
Karamelpudding 54
Karotten siehe Rüebli
Kartoffeln
　Gemüse im Kichererbsenmehl 124
　Kartoffelcurry 123
　Kartoffel-Pastete 50
　Reis-Linsen-Gemüse-Eintopf 120
　Scharfe Kartoffeln 49
　Spinatsuppe mit würzigen Kartoffel-Croutons 103
　Zitronenkartoffeln 52
Kassie
　Zimt - Kassie - Zimtblüte 106
Kefta 84
Kichererbsen
　Gemüse im Kichererbsenmehl 124
　Kichererbsen in Tomatensauce 42
Kısır 74
Knoblauch
　Kalte Mandel-Knoblauch-Suppe mit Trauben 23
　Poulet mit vierzig Knoblauchzehen 34
Kochbanane
　Linsen mit Ananas und Kochbananen 192
Kokos-Mandel-Poulet 85
Kokosnussmilch
　Fisch in scharfer Kokosnusssauce 150
　Kokosnuss-Omeletten 165
　Kokos-Pouletfleisch-Suppe 143
　Pfannengerührtes Gemüse mit Kokosnussmilch 161
Krupuk
　Krabbenbrot mit Rindfleisch und Erdnüssen 137
Kürbis
　Weisse Bohnen-Kürbiseintopf 191
Kürbiskerne
　Geröstete Kürbiskerne mit Limettensaft 168
　Pikante Nüsse und Kernen 169

L

Lachs
　Gebackener Tandoori-Lachs 114
　Lachs in Koriandersauce 183
Läckerliparfait mit Erdbeersauce 56

Lamm
　Auberginen-Lammfleisch-Auflauf Moussaka 40
　Couscous mit sieben Gemüsen 90
　Geschmortes Lammfleisch mit Raz el Hanout 77
　Geschmortes Lammfleisch mit Spinat 117
　Hackfleischküchlein mit Kreuzkümmel und Zimt 84
　Lammgigot mit Pfefferminze und Knoblauch 37
　Maurische Lammkoteletts 22
　Orangen-Lammfleisch Hyderabad 118
　Rotes Lammcurry 116
Limettenkuchen mit Baiser 201
Linsen
　Linsen mit Ananas und Kochbananen 192
　Reis-Linsen-Gemüse-Eintopf 120
　Rote Linsen mit Mango und Asafötid 122
　Tomatensuppe mit roten Linsen 104
Litschis
　Duftender Mandelpudding 163
　Enten-Litschi-Salat 148

M

Macadamianuss-Whities 205
Maisgratin 198
Mandeln
　Blätterteig-Nussgebäck 96
　Duftender Mandelpudding 163
　Geschmortes Lammfleisch mit Raz el Hanout 77
　Gewürzte Mandeln 69
　Kalte Mandel-Knoblauch-Suppe mit Trauben 23
　Kokos-Mandel-Poulet 85
　Mandelplätzchen 65
　Orientalischer Trockenfrüchtesalat 98
　Peperoni mit Mandeln und Rosinen 45
　Pfirsiche mit Amaretti-Mandel-Füllung 53
Mango
　Mango-Chutney 113
　Mangocreme 130
　Mango-Gurken-Salat 179
　Mango-Quarkkuchen 200
　Muscheln in Habanero-Mango-Salsa 181
　Rote Linsen mit Mango und Asafötida 122
Marroni-Steinpilzsuppe 24
Maurische Lammkoteletts 22
Meersalz
　Warum wir Meersalz lieben 14
Melonen
　Kalte Melonensuppe 177
　Melonensalat mit Feta 73
　Melonen-Zitronen-Getränk 68
Mesclun 27

Miesmuscheln
   Gefüllte Miesmuscheln 30
   Geschmorte Miesmuscheln mit Zitronengras 149
   Muscheln in Habanero-Mango-Salsa 181
Mole poblano 188
Moussaka 40
Mozzarella
   Auberginengratin 47
Muhammara 70
Muscheln in Habanero-Mango-Salsa 181

N

Nudelsuppe 178

O

Orange
   Fenchelsalat mit Orange 28
   Mango-Gurken-Salat 179
   Orangen in duftendem Sirup 92
   Orangen-Lammfleisch Hyderabad 118
   Orangensalat mit Zwiebeln und Oliven 75
   Orangentorte 58
   Stangenselleriesalat mit Orangen und Tomaten 25
   Tomaten-Orangendrink Sangrita 168
Orientalischer Trockenfrüchtesalat 98
Ossobuco 38

P

Paella mit Meeresfrüchten 32
Papaya
   Tomaten-Papayasalat 179
   Überbackene Papaya mit Tomaten-Zwiebelfüllung 176
Paprika siehe Peperoni
Parfait
   Gewürztes Parfait mit Granatapfel 95
   Läckerliparfait mit Erdbeersauce 56
   Vanilleparfait mit Passionsfruchtsauce 204
Parmigiana di melanzane 47
Pecorino
   Crostini mit Pecorino, frischen Feigen und Honig 12
Peperonata 45
Peperoni
   Baumnuss-Peperonipaste 70
   Bruschetta mit grillierten Peperoni 11
   Dip aus gerösteten roten Peperoni 175
   Geschmorte Peperoni mit Ricottafüllung 196
   Maisgratin 198
   Peperoni mit Mandeln und Rosinen 45
   Peperoni mit Sardellen-Kapern-Füllung 16

Pfannengerührtes Gemüse mit Austernsauce 160
Pfannengerührtes Gemüse mit Kokosnussmilch 161
Petersilie siehe Peterli
Pfannengerührtes Gemüse mit Austernsauce 160
Pfannengerührtes Gemüse mit Kokosmilch 161
Pfannengerührtes Rindfleisch-Curry 158
Pfeffer
   Nicht jede Sorte ist echt 110
Pfefferminze
   Gurkenjoghurt mit Chili und Pfefferminze 105
   Pfefferminztee 99
Pfirsiche
   Pfirsiche mit Amaretti-Mandel-Füllung 53
   Pfirsichsalat mit geröstetem Kreuzkümmel 108
Pikante Nüsse und Kernen 169
Polverones 65
Poulet
   Grillierte Pouletspiesse mit Erdnusssauce 156
   Indonesische Frühlingsrollen mit Pouletfleisch 140
   Kokos-Mandel-Poulet 85
   Kokos-Pouletfleisch-Suppe 143
   Mariniertes Poulet im Pandanblatt 141
   Paella mit Meeresfrüchten 32
   Pouletfleisch mit Cashew-Nüssen 153
   Poulet in Erdnusssauce 184
   Poulet mit vierzig Knoblauchzehen 34
   Poulet mit Zitrone und Oliven 83
   Poulet nach Tscherkessenart 72
   Überbackene Tortillas mit Pouletfleischfüllung 185

Q

Quark
   Mango-Quarkkuchen 200

R

Ras el Hanout
   Couscous mit sieben Gemüsen 90
   Die geheimnisvolle Gewürzmischung 78
   Geschmortes Lammfleisch mit Raz el Hanout 77
   Gewürztes Parfait mit Granatapfel 95
Red Snapper
   Pfannengerührter Red Snapper mit Stangensellerie 151
Reis
   Gedämpfter Duftreis 162
   Grüner Risotto mit Artischocken 48
   Paella mit Meeresfrüchten 33
   Reis-Linsen-Gemüse-Eintopf 120
   Reis mit roten Bohnen 197
   Zitronenreis 127

Ricotta
   Gefüllte Zucchini auf korsische Art 46
   Ricottakuchen mit Pfefferminze und Anislikör 57
   Sizilianische Cassata 55
Rindfleisch
   Chiang Mai-Curry 159
   Chili-Rindfleisch 155
   Gebratenes Rindfleisch 115
   Hackfleischauflauf mit Rosinen 80
   Krabbenbrot mit Rindfleisch und Erdnüssen 137
   Pfannengerührtes Rindfleisch-Curry 158
Risotto
   Grüner Risotto mit Artischocken 48
Rote Linsen mit Mango und Asafötida 122
Rüebli
   Pfannengerührtes Gemüse mit Austernsauce 160
   Pfannengerührtes Gemüse mit Kokosnussmilch 161
   Rüebli in Marsala 43
   Rüebli mit Zimt 86
   Vegetarische Frühlingsrollen 136

S

Safrancreme 129
Sahne siehe Rahm
Salsa endiablada 174
Salsa mexicana 171
Salsa roja 194
Salz
   Darfs eine Prise Salz sein? 14
Sangrita 168
Saté Bali 156
Scharfe Fischsauce 135
Scharfe Kartoffeln 49
Scharf-saure Crevettensuppe 144
Schokolade
   Dunkle Schokolade - die feine Versuchung 186
   Gewürzte heisse Schokolade 207
   Macadamianuss-Whities 205
   Schokoladebrownies mit Chiles Ancho 206
   Schokoladentruffetarte Grand Cru Cuba 202
   Thusis der ultimative Schokoladekuchen 64
Schwarze Bohnen mit scharfer roter Sauce 194
Schwarztee
   Gewürztee Chai 131
Schweinshaxe mit Pfeffersauce 190
Seeteufel
   Fisch in scharfer Kokosnusssauce 150
   Gebackener Fisch in Tomatensauce 112
   Paella mit Meeresfrüchten 32
   Seeteufel mit Pinienkernsauce 31
Selada nanas 145

Sellerie
  Geschmorte Kalbshaxe 38
Sigara böregi 71
Sizilianische Cassata 55
Speck
  Datteln im Speckmantel 17
Spinat
  Geschmorter Spinat mit Ingwer 125
  Geschmortes Lammfleisch mit Spinat 117
  Spinatcurry 126
  Spinatsalat mit Joghurt 76
  Spinatsuppe mit würzigen Kartoffel-Croutons 103
  Teigtaschen mit Spinatfüllung 18
Stangensellerie
  Geschmorte Kalbshaxe 38
  Pfannengerührter Red Snapper 151
  Stangenselleriesalat mit Orangen und Tomaten 25
  Süss-saure Auberginen 26
  Vegetarische Frühlingsrollen 136
Steinpilze
  Crostini mit Olivenpaste und Pilzen 13
  Marroni-Steinpilzsuppe 24
Süsskartoffeln
  Süsskartoffelbällchen 139
  Süsskartoffelsoufflé mit Baumnüssen 199

T

Tajine Mrouzina 77
Tandoori-Lachs 114
Teigrollen mit Schafskäsefüllung 71
Teufelssauce 174
Thom kha gai 143
Thusis Schokoladekuchen 64
Tomaten
  Auberginengratin 47
  Avocadosauce Guacamole 170
  Bruschetta mit Tomaten 11
  Couscous mit sieben Gemüsen 90
  Crostini mit getrockneten Tomaten 12
  Gebackener Fisch in Tomatensauce 112
  Geschmorte Peperoni mit Ricottafüllung 196
  Kalte Mexikanische Tomatensauce 171
  Kichererbsen in Tomatensauce 42
  Nudelsuppe 178
  Stangenselleriesalat mit Orangen und Tomaten 25
  Tomaten-Orangendrink Sangrita 168
  Tomaten-Papayasalat 179
  Tomatensuppe mit roten Linsen und Curryblätter 104
  Zucchettitopf mit Tomaten und Zwiebeln 44
Torta de chocolate 202
Tortillas 185

Trockenfrüchtesalat 98
Truffat 50
Truthahn in festlicher Poblano-Mole 188

V

Vanille
  Die verführerische Schote 203
  Vanilleparfait mit Passionsfruchtsauce 204
Vegetarische Frühlingsrollen 136

W

Wachteln auf Rosenblättern 180
Walnuss siehe Baumnuss
Weisse Bohnen-Kürbiseintopf 191
weisse Schokolade
  Macadamianuss-Whities 205
Weisskohl
  Couscous mit sieben Gemüsen 90

Z

Zimt - Kassie - Zimtblüte 106
Zitronen
  Eingelegte Salz-Zitronen 82
  Melonen-Zitronen-Getränk 68
  Zitronenkartoffeln 52
  Zitronenreis 127
Zucchetti siehe Zucchini
Zucchini
  Couscous mit sieben Gemüsen 90
  Gefüllte Zucchini auf korsische Art 46
  Pfannengerührtes Gemüse mit Austernsauce 160
  Pfannengerührtes Gemüse mit Kokosnussmilch 161
  Überbackene Tortillas mit Pouletfleischfüllung 185
  Zucchinibrot 19
  Zucchini mit Chermoulamarinade 89
  Zucchinitopf mit Tomaten und Zwiebeln 44
Zuckerrohr
  Gegarte Crevetten am Zuckerrohr 138
Zürcher Pfarrhaustorte 60

212

... denn wie man sich bettet,

so liegt man.

Michaela Maria . DRUX.

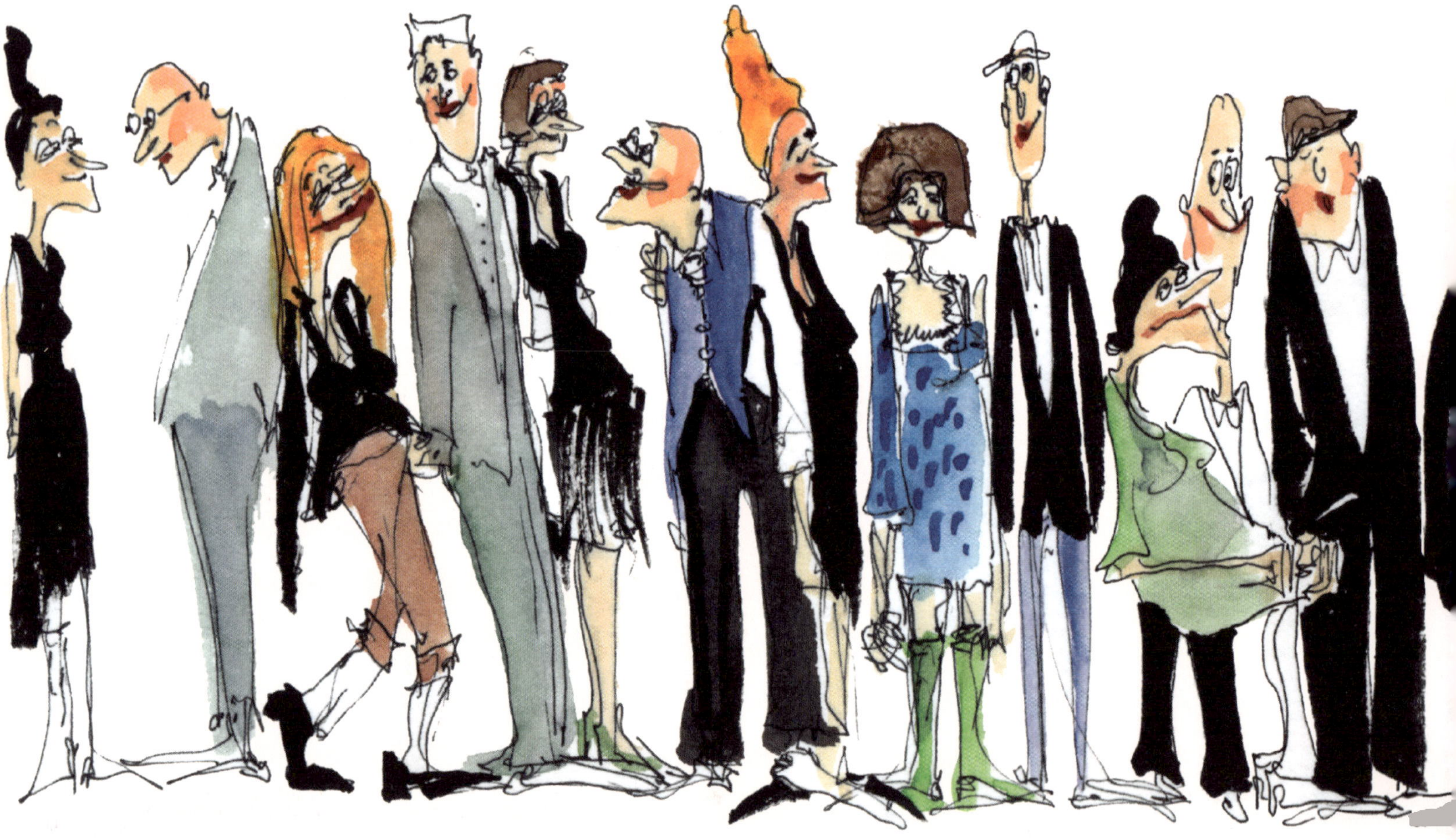